NEHEMÍAS

J. I. PACKER

MODELO DE PASIÓN Y FIDELIDAD

NEHEMÍAS

J. I. PACKER

PATMOS

Nehemías: Modelo de pasión y fidelidad

Publicado por Editorial Patmos,
Miami, FL 33166.

Publicado originalmente en inglés por Crossway, 1300 Crescent Street Wheaton, Illinois 60187, con el título *A Passion for Faithfulness: Wisdom From the Book of Nehemiah*. © 1995 por J. I. Packer.

Diseño de portada por Adrián Romano

ISBN: 978-1-58802-544-9

Categoría: Estudio bíblico/Liderazgo

Impreso en Brasil | *Printed in Brazil*

Para Fred y Elizabet en quienes muchas de las virtudes de Nehemías han reaparecido.

Contenido

Prólogo: Edificación de la iglesia 9

1 *Conozca a Nehemías* 27

2 *Llamado a servir* 47

3 *Dirección de personal I: Comenzar la tarea* 65

4 *Dirección de personal II: Mantenerse en la tarea* 87

5 *Probado para la destrucción* 107

6 *Tiempos de refrigerio* 133

7 *De regreso al punto de partida* 161

Epílogo 191

Prólogo: Edificación de la iglesia

El que yo celebre a Nehemías como un edificador de la iglesia e insista en que esta es la manera como los cristianos deben considerarlo puede levantar varias cejas. Pero eso es lo que haré en este libro, y quiero comenzar explicando por qué. Así que ahora doy un vistazo cincuenta años atrás.

Cristo ama a la iglesia

Él era un pequeño hombre extraño, inclinado, intenso, y torpe, con un rostro que parecía iluminarse mientras hablaba. Su atuendo era raro, también, para mis estándares de universitario, porque él vestía un hábito monástico color café, el uniforme de un franciscano anglicano. Me encontraba allí por lealtad a la capilla de la universidad, sin esperar ser impresionado; pero él capturó mi atención diciéndonos cómo en su adolescencia había experimentado una conversión a Jesucristo, como la que yo acababa de experimentar. "Y entonces," dijo: "me emocioné con la iglesia. Podría decir que me enamoré de ella." Nunca antes había escuchado a alguien hablar así, y sus palabras se clavaron en mi memoria. Cincuenta años después, todavía lo escucho. Él entonces remachó el punto que todos los que aman a Jesucristo el Señor deben cuidar profundamente de la iglesia, sólo porque la iglesia es el objeto del amor de Jesús. Centrarse en la iglesia es entonces una manera en la que Cristo debe encontrar expresión. ¿Tenía él razón? Sí, la tenía: no hay duda de ello.

Para escuchar a Pablo, instruyendo a los efesios y a otros (hay buena razón para considerar Efesios como una carta circular): "Cristo amó a la iglesia y se entregó por ella para hacerla santa. Él la ha purificado, lavándola con agua mediante la palabra, para presentársela a sí mismo como una iglesia radiante, sin mancha ni arruga ni ninguna otra imperfección, sino santa e intachable" (Ef. 5:25-27). Ahora pese las palabras del himno que hace eco de éste y otros pasajes del Nuevo Testamento:

El fundamento de la iglesia
Es Jesucristo su Señor;
Ella es su nueva creación
Por el agua y la Palabra:
Del cielo él vino a buscarla
Para ser su santa esposa;
Con su propia sangre la compró,
Y por su vida Él murió.

Enseguida, observe que la gloria, presente y futura, que Dios da a "la novia, la esposa del Cordero" (Ap. 21:9), es el tema y el producto final de su propia gran gracia, es desde un punto de vista el enfoque central del Nuevo Testamento, alcanzando su punto culminante en las prevenciones del verdadero Monte de Sión en Hebreos 12:22-24 y de la nueva Jerusalén (Ap. 21:1–22:5; vea también Apocalipsis 7, una descripción adicional del destino de la iglesia). Y unido con el hecho de que "gloria [aquí significa doxología y alabanza] en la iglesia y en Cristo Jesús..." (Ef. 3:21) es el enfoque culminante de la religión cristiana –"en la iglesia y en Cristo" siendo dos frases complementarias que se explican y refuerzan entre sí. Así que la iglesia que Cristo ama y sustenta es la característica clave del plan de Dios para el tiempo y la eternidad, y el cuidado por el bienestar de la iglesia, lo que significa amor por la iglesia, es un aspecto de la semejanza a Cristo que los cristianos deben cultivar. Hacemos bien al poner a la iglesia en nuestro corazón; estaría mal si no lo hiciéramos. Porque así como decimos de manera proverbial: "Si me amas, ama a mi perro," de la misma manera el Señor Jesucristo nos dice: "Si me amas, ama a mi iglesia."

Resultaba claro por la manera en que el pequeño hombre se expresó que él esperaba que los cristianos evangélicos se preocuparan sólo de sus propias sociedades y fraternidades, y les faltara interés en lo que los padres antiguos llamaron la gran iglesia y los teólogos de Westminster identificaron como la iglesia católica visible –es decir, la comunidad cristiana mundial en sus incontables florecimientos congregacionales. Esta expectación todavía es muy común fuera de los círculos evangélicos, y ciertamente ha habido individuos cuyas palabras y hechos los han mantenido en ese lugar. No hay duda que la falta de preocupación por la iglesia como tal es la tentación ocupacional de cualquiera que busca promover una experiencia personal de fe en Cristo en una situación de minoría, donde la mayoría de los líderes eclesiásticos no se encuentran dentro de la sintonía evangélica, un estado de cosas que desdichadamente ha sido común en el mundo occidental durante los pasados cien años. Pero la observación de medio siglo me ha mostrado que los líderes evangélicos y los creadores de opinión no están, como cuerpo, marcados por la falta de interés sobre la iglesia católica visible; más bien es lo inverso. Orar y planificar por la reforma y revitalización de la iglesia ha sido parte del estilo de la corriente evangélica principal desde el siglo dieciséis, y todavía lo es –como en realidad debe ser. Pero el pequeño hombre tenía razón: Algo anda mal en los cristianos profesantes que no se identifican con la iglesia, y la aman, y se invierten ellos mismos en ella, y llevan las necesidades de ella en su corazón. Los evangélicos, personas centradas en la Biblia y el evangelio, en Cristo y el Espíritu, dispersos a través del mundo denominacional (y, incidentalmente, multiplicándose en este tiempo en una tasa fenomenal), debe seguir modelando amor por la iglesia.

Pero, ¿cómo se debe enfocar y expresar tal amor? Aquí, infelizmente, los caminos se dividen. Para aquellos que igualan la iglesia con su forma institucional, el amor por la iglesia significa mostrarse entusiasmado con su liturgia, ceremonia, burocracia, y la tarea de conservar sus ruedas girando. Estando más interesado en mantener y nutrir que en la misión y el evangelismo, personas de esta clase constantemente son indiferentes, y en realidad con frecuencia contrarios, a cualquier interés activo por conversiones y por expresiones de fe no institucionalizadas, en una manera que las iglesias evangélicas encuentran preocupantes. Porque los evangélicos piensan de la iglesia en términos de la vida comunitaria que las formas institucionales existen para canalizar. Ellos ven la iglesia como el pueblo del Señor que se reúne regularmente para llevar a cabo las actividades de la iglesia –alabanza y oración, con predicación y enseñanza; practicar la comunión y el cuidado pastoral, con la motivación y responsabilidad mutua; exaltar y honrar a Jesucristo, específicamente mediante la palabra, el canto, y el sacramento; y el alcance, local y transculturalmente, con el propósito de hablar de Cristo a personas que lo necesitan. Aquí amor por la iglesia encuentra expresión en una búsqueda constante de la fidelidad, santidad y vitalidad –ardor que anima el orden– en la vida colectiva de comunión con el Padre y el Hijo a través del Espíritu que es la esencia verdadera de la iglesia. Es mejor aclarar aquí y decir directamente que la comprensión evangélica me parece de acuerdo con el Nuevo Testamento y se dará por sentada en todo lo que sigue.

Cristo edifica la iglesia

La propia centralidad de Cristo en la iglesia aparece claramente en la primera ocasión que lo escuchamos usar la palabra. Fue en un momento crucial de su ministerio, cuando Pedro como vocero de los discípulos acababa de contestar la pregunta de Jesús: "¿Quién dice la gente que es el Hijo del Hombre?" declarando "tú eres el Cristo," el rey nombrado y ungido por Dios, el verdadero centro de la historia del mundo. La respuesta de Jesús fue: "Dichoso tú, Simón hijo de Jonás, porque eso no te lo reveló ningún mortal, sino mi Padre que está en el cielo" (Mt. 16:15-18). Podemos pasar por alto las disputas acerca del significado exacto de Jesús, si la roca-fundamento de la iglesia debe ser la confesión de fe de Pedro como distinta de Pedro mismo, y si "las puertas del Hades" (alguna forma del poder de la muerte) debe entenderse como atacando la iglesia o resistiendo los ataques de la iglesia o ambas. Lo que nos importa es la declaración de Jesús de que él, en persona, edificará una iglesia que le pertenece, y que triunfará sobre todas las formas y poderes de la muerte. Tratemos de ver lo que eso significa.

Cuando en occidente hablamos de "nuestra iglesia," normalmente nos referimos o bien al edificio (un salón techado, un auditorio o espacio para adorar, a veces con torre, a veces no) o a la denominación (una federación, floja o compacta, de congregaciones de igual forma de pensar o al menos de maneras parecidas para alguna forma de ayuda mutua). Decimos que estas entidades son "nuestras" porque hemos escogido ligarnos con ellas; "nuestras" significa identificación, no posesión. Pero cuando en Cesarea de Filipos, hace cerca de dos mil años, Jesús habló de "mi iglesia", la idea de posesión era central en su significado. Porque lo que él tenía en vista era una comunidad unificada e identificada por una alianza compartida hacia él mismo –un reconocimiento común de sus reclamos y de su señorío sobre ellos, y un lazo común de amor, lealtad, y devoción a él.

"Iglesia" en el texto de Mateo es ekklesia, la palabra griega regular para una reunión pública, que el Antiguo Testamento griego de Mateo, la Septuaginta, usa regularmente por el hebreo qahal: "congregación." Qahal significaba la reunión de israelitas en su carácter oficial como pueblo del pacto de Yahweh. Yahweh había formado el Israel del Antiguo Testamento al redimir al pueblo de la esclavitud de Egipto y revelarles la realidad de su pacto. Jesús enseñó que él mismo formaría una comunidad unida por una comprensión común de la realidad que Simón Pedro acababa de confesar –es decir, que Jesús era el ungido Cristo, el Hijo de Dios oficial y personalmente, el creador y dueño de todas las cosas, el Señor de toda vida, el determinador de todos los destinos y el Salvador de todos sus siervos. Para él en su ministerio mesiánico su iglesia derivaría su identidad; para él en su gloria mesiánica le daría su lealtad. Sería su iglesia en todos los sentidos.

La fundación de ella no sería en ningún sentido un rompimiento del pasado. Al contrario, la iglesia de Cristo iba a ser, y es, nada más y nada menos que la comunidad del pacto del Antiguo Testamento misma, en una forma nueva y completa que Dios había planificado para ella desde el comienzo. Es Israel internacionalizado y extendido globalmente en, mediante, y bajo el dominio unificador de Jesús, el Salvador divino quien es su Rey. Es la familia de Dios el Padre, como aparece del hecho de que Jesús enseñó a sus seguidores a pensar y hablar de su Padre celestial como Padre de ellos también. Es el cuerpo y la esposa del Cristo resucitado, destinada para la intimidad final con él y la participación de su vida. Es la comunión del Espíritu Santo, el invisible pero poderoso facilitador que nos muestra que Jesús el Cristo es real hoy en día, que sustenta nuestra confianza en él y nuestro amor por él, quien da forma y reconstruye nuestro carácter en su semejanza, y que nos da habilidades para el ministerio mutuo que a veces llamamos "vida del cuerpo." ("Comunión del Espíritu Santo" en 2 Corintios 13:14 parece que significa "asociación con el Espíritu" y "asociación con otros..."

En una palabra, la iglesia es la comunidad que vive en y por medio de la comunión del pacto entre el Dios trino y ella. Como el real Sumo Sacerdote en el reino de Dios de salvación y santidad, Jesús puso el fundamento para esta relación por su muerte expiatoria, ahora él realmente media la comunión de pacto a la comunidad corporativamente, y a cada participante individualmente, a través del Espíritu Santo y el poder de su vida resucitada. Tal, entonces, era la realidad que Jesús tenía en mente cuando habló de "mi iglesia."

No es probable que Simón Pedro entendiera mucho de esto cuando confesó que Jesús era el Cristo. Los exegetas judíos en ese tiempo no percibieron que las profecías del Antiguo Testamento respecto a Cristo se fundían en una figura en quien el real sacerdocio, el sufrimiento de siervo y la muerte que condujo a la resurrección y la entronización todas se combinaban, y ninguno de los discípulos de Jesús pareció haber entendido esto hasta después que resucitó de la muerte. Pero Jesús, leyendo el corazón de Pedro mientras escuchaba sus palabras, discernió verdadera confianza y compromiso –verdadera fe, que es– al lado de la comprensión de Simón del papel oficial de Jesús. Era como si Simón hubiese dicho: "Tú, Jesús, eres el que va a traer la historia del mundo a su meta final, cualquiera que esta sea; tú eres también el que va a traer mi historia personal a su meta final, aun cuando no sé todo lo que puedas hacer; así que te reconozco como el Cristo y me uno a ti en consecuencia." A lo que Jesús respondió declarando que sobre ese fundamento de fe él edificaría su iglesia.

¿Qué quiso decir él?

Cuando hablamos de edificar una iglesia, nuestra mente usualmente se centra en los ladrillos y el mortero de los cuales se construirá la nueva estructura, y decimos que está siendo edificada por el arquitecto que la diseñó, o la congregación o denominación o el benefactor que la financió, o la firma constructora que la levanta. Pero cuando Jesús habló de edificar su iglesia, él no estaba pensando en estos términos. Él pensaba, en cambio, en el proceso complejo por el cual la verdad acerca de sí mismo es recibida, la respuesta de sus recipientes a ello (o, mejor, responderle en términos de ella, como Pedro lo hacía), y los que responden son conformados cada vez más a él a medida que participan en las cosas que la iglesia hace en obediencia a la palabra de Jesús, bajo su liderazgo y en dependencia de su poder. Como la iglesia consiste de individuos que al venir a la fe y asociarse como creyentes han llegado a ser el pueblo del Señor (su viña, su rebaño, su templo, su nación), así que la edificación de Cristo de su iglesia tiene que ver con el cambio que él opera en su pueblo en el interior –en sus corazones, como decimos– que arrepentimiento, fe y obediencia llega a ser cada vez más el modelo de su vida, y celo por Dios que vemos en Jesús, y cumple el llamado de Jesús a la adoración, el trabajo y el testimonio en su nombre. Y hacen esto, no como individuos aislados (¡llaneros solitarios!) sino como compañeros parientes en la familia de Dios, ayudándose y animándose unos a otros en la apertura y cuidado mutuo que es la marca de "amor fraternal" (Filadelfia: vea Rom. 12:10; 1 Ts. 4:9; Hb. 13:1; 1 P 1:22; 2 P 1:7). Por este medio ellos entran cada vez más en la vida que constituye auténtico cristianismo, la vida de comunión con su Padre celestial, su Salvador resucitado, y cada uno; y al hacer esto ellos "También ustedes son como piedras vivas, con las cuales se está edificando una casa espiritual. De este modo llegan a ser un sacerdocio santo, para ofrecer sacrificios espirituales que Dios acepta por medio de Jesucristo" (1 P 2:5).

Así que "edificaré mi iglesia" es una metáfora, como la promesa que Jesús había hecho a Pedro un poco antes "pescador de hombres..." (Luc. 5:10) era una metáfora. En el último caso, Jesús comparaba el próximo trabajo de Simón como un formador de discípulos usando sus actuales habilidades de pescador. En el caso presente, él le dice a Pedro que su propia obra de gracia de edificar la nueva comunidad sería comparable con la de un contratista que construye una casa uniendo materia prima (piedra, ladrillo, tablones, madera) que ha sido juntada para ese propósito. Su punto inmediato en la oración donde ocurre la metáfora es que la roca-fundamento sobre la cual la comunidad debe permanecer –es decir, el compromiso básico de cada persona que se une a la iglesia debe compartir– es la fe en él como el divino Mesías que Pedro había verbalizado: "sobre esta roca edificaré mi iglesia." El proceso mismo de edificar, sin embargo, es lo que nos interesa ahora.

La Palabra y el Espíritu

¿Por qué medios el Salvador edifica su iglesia? Es decir, ¿cómo produce los cambios en las personas que las une de manera cada vez más profunda al equipo de creyentes activos que adora y sirve, cuyo nombre bíblico es "iglesia"? La respuesta es: mediante su Palabra (en el sentido más amplio, la Biblia; en un enfoque más agudo, el evangelio), y mediante su Espíritu, cuyo papel en esta conexión es hacer que el significado y la aplicación de la Palabra sea claro y personal. Palabra y Espíritu juntos, el Espíritu interpretando y evocando una respuesta, son los medios por los que la obra de Cristo de edificar la iglesia se lleva adelante.

Pablo en Efesios retrata este proceso como crecimiento de la iglesia. Habiendo explicado que Cristo da siervos dotados a la iglesia "para equipar a los santos...," él afirma que por este medio debemos "crecer..." (Ef. 4:12-16). Así Cristo "Jesús mismo la piedra angular, en él todo el edificio, bien armado, se va levantando para llegar a ser un templo santo en el Señor" (Ef. 2:20-21).

A la luz del cuadro paulino de la iglesia que crece como lo hace un cuerpo y como un edificio crece mediante el proceso de ser erigido, parece lamentable que la frase "crecimiento de la iglesia" deba hoy día usarse exclusivamente, como parece ser, para la expansión numérica, cuando la idea del Nuevo Testamento expresada por esta frase no es avance cuantitativo sino cualitativo. Siempre es más sabio usar la fraseología bíblica en su sentido bíblico, y estos textos dejan en claro que el crecimiento de la iglesia que Pablo tenía en mente no tiene que ver con reclutas añadidos a la comunidad (él tenía otras palabras para ello), sino de la comunidad siendo preparada para su destino mediante el poder transformador de la verdad enseñada por el Espíritu.

La perspectiva de Pablo de Palabra y Espíritu en relación con el destino de la iglesia aparece también en su discurso de despedida a los ancianos de Éfeso, como lo registra Lucas en Hechos 20:17-35. Un vistazo a este pasaje confirmará lo que venimos diciendo.

Pablo habla primero de su ministerio de la Palabra. "A judíos y a griegos les he instado a convertirse a Dios y creer en nuestro Señor Jesús" (v. 21). "he andado predicando el reino de Dios" (v. 25). "Sin vacilar les he proclamado todo el propósito de Dios" (v. 27). Luego él habla de la iglesia, y lo hace en una manera que muestra que para él la iglesia es central en el propósito de Dios. Es "la iglesia de Dios que él adquirió con su propia sangre" (v. 28); es el rebaño de Dios, amenazado por lobos (maestros del error), y necesitado por tanto del máximo de fidelidad vigilante de sus mencionados guardianes. Él se refiere, notablemente, al Espíritu Santo como el que ha puesto a los ancianos como "obispos para pastorear la iglesia" (v. 28); lo que quiere decir es que el Espíritu Santo mismo supervisó el proceso de su selección y nombramiento, y la implicación es que si ahora buscan su ayuda para cumplir con sus responsabilidades la recibirán. Y concluye: "Ahora los encomiendo a Dios y al mensaje de su gracia, mensaje que tiene poder para edificarlos y darles herencia entre los santificados" (v. 32).

"Edificar" es la misma palabra griega como en Mateo 16:18, y aquí también, como en realidad a través del Nuevo Testamento, tiene un marco corporativo de referencia. "Edificaré mi iglesia," dice Jesús; y "las palabras de su gracia...," dice Pablo. La edificación de individuos es el descenso del individualismo, porque es precisamente la edificación de ellos en la red comunal llamada iglesia. La Palabra, ministrada, memorizada y masticada mediante la meditación, tiene poder para darse cuenta la edificación ("ejercicio de poder" es la fuerza del griego para "puede" en el versículo 32) mediante la agencia del Espíritu Santo. Y dentro de la iglesia en la tierra este proceso de edificar –o edificación interior, como podemos considerarla de igual manera cuando nos concentramos en las personas que son su objeto– dura todo el tiempo. Jesús edifica su iglesia, de acuerdo a su Palabra.

La iglesia del Antiguo Testamento

Ahora surge una pregunta que los estudiosos de la Biblia hacen. Jesús habló de su tarea de edificar la iglesia como futura: "edificaré..." Toda la enseñanza del Nuevo Testamento acerca de la iglesia se centra en Cristo; su venida, muerte, resurrección, ascensión al trono y derramamiento del Espíritu. ¿Comenzó la iglesia que el encarnado Hijo de Dios actualmente edifica, durante su ministerio histórico, o estaba Dios edificando una iglesia en la manera descrita en los tiempos del Antiguo Testamento? La respuesta es sí y no, dependiendo del ángulo desde donde se plantee la cuestión.

Si su perspectiva es estrictamente histórica, si, es decir, usted pregunta sobre la aparición en la tierra de una comunidad que reconoce a Jesús como el Cristo, entonces la pregunta se responde a sí misma: obviamente no podía haber una comunidad de seguidores de Cristo hasta que Cristo estuviera allí para ser seguido, tampoco podía la plena bendición de Pentecostés ser disfrutada hasta que el derramamiento pentecostal del Espíritu Santo hubiera sucedido. La iglesia del Nuevo Testamento es la iglesia de Cristo y el Espíritu; así que, históricamente hablando, la declaración frecuentemente escuchada de que la iglesia comenzó en Pentecostés debe ser verdadera.

Si, en cambio, su perspectiva es teológica a la vez que histórica -si, es decir, usted pregunta acerca de la relación de Dios con diferentes individuos y grupos en diferente tiempo– la respuesta a la pregunta entonces tiene más que lo que se acaba de decir, y se hace claro al revisar la información relevante que es más engañoso negar la realidad de una iglesia del Antiguo Testamento que afirmar su existencia.

Los escritores del Nuevo Testamento nos enseñan a leer el Antiguo Testamento como un testimonio histórico a una era preparatoria en la cual bajo Dios todo estaba preparando hacia la venida del Mesías, quien establecería el nuevo orden del reino de Dios en este mundo desordenado. Pero a lo largo de esta era, desde el comienzo, Dios ha estado dando a conocer su pacto de gracia por medio del cual dice a los humanos: "Yo, tu hacedor, soy tu Dios que te guía y dirige; tú eres mi pueblo, y cada uno de ustedes me pertenece, para honrarme y servirme." La relación de Dios con Adán y Eva en Edén fue de pacto en este sentido, y cuando Dios siguió manteniendo la relación y atrayendo personas a su aceptación del mismo a pesar de su estado caído, se siguió revelando en la práctica como un pacto de gracia. "Yo, tu hacedor contra quien has pecado, no obstante me declaro tu Dios..." "Tu Dios" significa Dios que se preocupa por ti y está ocupado en bendecirte hasta el límite de sus soberanas habilidades, en otras palabras, de manera ilimitada. Dentro del pacto, como la dimensión Rey y súbditos sugiere, hay una privación disciplinaria y castigo por la infidelidad; aunque la relación en sí tiene la intención de bendecir y enriquecer.

Se ha dicho con verdad que la religión bíblica es una religión de pacto, y el Antiguo Testamento no menos que en el Nuevo, y que en ambos testamentos la verdadera religión –la religión de pacto– es un asunto de pronombres personales: es decir, de seres humanos capaces de decir "mi Dios" en el conocimiento que Dios dice de y a cada uno de ellos: "mi persona-mi siervo-mi hijo-mi socio de pacto." Cada "mi" aquí es lenguaje de pacto. También se dice que la iglesia del Nuevo Testamento es la comunidad del Dios del pacto, lo que hace al menos natural hablar de la comunidad del pacto de Dios en los tiempos del Antiguo Testamento como la iglesia antes de Cristo. Pero al decir esto nos adelantamos; necesitamos por un momento retroceder.

¿Quién está en pacto con Dios? Respuesta: aquellos que activamente aceptan la relación de pacto que él les extiende y viven para él en respuesta de pacto, lo que es fe en su noción más amplia. Abel, Enoc y Noé, junto con Abraham, están entre aquellos que Hebreos 11:4-16 dice que "Dios no se avergüenza..." (Lenguaje de pacto) porque ellos vivieron para él en fe. Génesis 4:25-26 implica que la línea entera de Set fueron pueblo de pacto. Génesis 17 dice cómo Dios estableció su pacto formalmente con la familia de Abraham a través de Isaac, es decir, como los sucesos probaron, con las doce tribus de Israel. Los libros de Éxodo a Deuteronomio detallan el código de ley que Dios dio a su pueblo de pacto después de rescatarlos de Egipto. Este código se centra en los Diez Mandamientos, que están enmarcados por la declaración introductoria: "Yo soy el Señor tu Dios..." (¡Lenguaje de pacto otra vez!) (Éx. 20:2; Dt. 5:6). La ley de Dios es así legislación de pacto.

En cada era sólo una minoría de israelitas tomó en serio la obediencia al pacto, mientras el resto, aunque bajo el pacto de Dios nacional y nominalmente, no estuvo en relación de pacto con él personalmente. Pero siempre había algunos, un remanente, que vivió, trabajó, y a menudo sufrió pérdida, en fe leal, confiando en las promesas de Dios, adorando y orando, y practicando el amor al prójimo, moralidad de pacto conforme a la Ley, y compañerismo para apoyarse mutuamente. No llamar a este remanente fiel la iglesia del Antiguo Testamento, cuando sus miembros se relacionaron con Dios precisamente como los cristianos se relacionan con él y estuvieron constantemente haciendo juntos lo que la comunidad cristiana hace, sería realmente extraño.

Parece, entonces, que en el Antiguo Testamento somos confrontados con dos cosas juntas. Una es la realidad de verdadera y falsa religión entre el pueblo oficial del pacto, la comunidad que hoy podríamos llamar la iglesia visible. La diferencia aquí entre ahora y entonces parcialmente tenía que ver con el conocimiento y parcialmente con la experiencia. El fiel de los tiempos del Antiguo Testamento no sabía tanto acerca de Cristo a quien ellos esperaban como los cristianos del Nuevo Testamento saben ahora que Cristo ha venido; tampoco los santos del Antiguo Testamento experimentaron tanto del poder de transformación moral en sus vidas como los cristianos han conocido desde el derramamiento pentecostal del Espíritu. Pero fe, arrepentimiento, tentación, amor, duda, incredulidad, alabanza, oración, orgullo, gratitud, reincidencia, paciencia, pureza de corazón, auto control, celo por Dios –en breve, todas las virtudes que pertenecen a la piedad, y todos los vicios que componen la irreligiosidad, eran en esencia los mismos en tiempos del Antiguo Testamento que las del Nuevo, y el Antiguo Testamento contiene profunda enseñanza acerca de ellas. Al mismo tiempo (y esta es la segunda cosa que encontramos), gran parte del orden de pacto que Dios estableció para Israel a través de Moisés era típica y temporal; impuesta por Dios por razones educativas hasta que Cristo viniera, ahora ya no se aplica a nadie. El Nuevo Testamento nos dice que lo que pertenece a esta última categoría, y la lección es una que los lectores cristianos del Antiguo Testamento absolutamente deben aprender.

Tipo y Antitipo

Para ser específico, entonces: un tipo en las Escrituras (tupos en griego, que originalmente significa una grabación o una impresión que iguala) es un acontecimiento, institución, lugar, objeto, oficio o persona en función que modela una realidad más grande que en algún sentido es de la misma clase y debe aparecer en la etapa de la historia en un punto subsiguiente. Esta realidad más grande se conoce como antitipo. El término "tipo" es tomado de Romanos 5:14, donde Adán es llamado un tupos ("modelo") de Cristo, el que había de venir. "Antitipo" viene de 1 de Pedro 3:21, donde el bautismo, entendido no simplemente como una aplicación de agua sobre el cuerpo sino también, y esencialmente, como una fe activa en Dios, es llamado el Antitypo que la preservación de Noé a través de las aguas del diluvio al entrar en el arca ha prefigurado.

Un tipo establece un marco para interpretar la realidad más grande cuando aparece, y entretanto, simplemente por existir, inculca el principio del cual la realidad más grande será en realidad el ejemplo supremo. Cuando la realidad más grande arriba, se convierte en el factor decisivo en su propio campo; en una manera u otra trasciende y rebasa el tipo. En términos espacio-tiempo, el tipo es desde entonces una cosa del pasado, no más determinativo de lo que debe hacerse o de lo que ocurrirá. El registro bíblico de ello, sin embargo, es de valor permanente como conceptos y categorías provistos para el entendimiento del antitipo. La tipología por tanto llega a ser una clase de manual de conversación para usar en teología.

En la Biblia aparecen muchos tipos, pero los importantes para interpretar el libro de Nehemías son tres.

Primero: bajo la dispensación mosaica del pacto de Dios, la dispensación que la carta a los Hebreos llama "la anterior" y "la primera" y la declara "obsoleta" a partir de la venida de Cristo

(Hb. 7:18; 8:7, 13; 9:1), la comunión de pacto con el santo Dios de Israel se mantenía a la luz de los constantes pecados de Israel mediante y un sistema típico de sacrificios administrado por un sacerdocio típico en un santuario que tipificaba la presencia inmediata de Dios. El ministerio y la mediación sacerdotal de Jesucristo, su sacrificio definitivo e incesante intercesión, sobrepasa todo esto, como Hebreos 7-10 deja en claro. En el día de Nehemías, sin embargo, el camino prescrito para tener comunión con Dios era la obediente ofrenda de un paquete de sacrificios, y sin esto no podía esperarse el favor de Dios.

Segundo, bajo el antiguo pacto a Israel se le dio una tierra, Palestina, con promesas de prosperidad y protección por la fidelidad, advertencias de empobrecimiento y expulsión por infidelidad, e insinuaciones de que podría haber restauración después del juicio disciplinario si prevalecía la penitencia. La tierra era un tipo de "una mejor patria..." (Hb. 11:16), un país que no debe definirse geográficamente sino relacionalmente, en términos de comunión con Cristo y su pueblo y de goce de las cosas buenas que él da a quienes confían en él y le sirven. En el tiempo de Nehemías, sin embargo, la tierra era el lugar señalado de bendición, la bendición que fue prometida centrada en la libertad de pobreza y la renovación de vida entre el lánguido pueblo de Dios involucraba el regreso a la tierra del exilio y el reclamo de la tierra del control pagano.

Tercero, bajo el antiguo pacto Jerusalén, la ciudad de David y el templo de Salomón, fue reconocida como el lugar donde Dios había escogido "poner su nombre..." (Dt. 12:21, 11) –es decir, el centro de adoración señalado para Israel, donde debían ofrecerse los sacrificios, mantenerse la adoración ceremonial, y buscar y disfrutar la presencia de Dios. Bajo el nuevo pacto, hallamos que el pueblo que Dios posee en Cristo constituye su templo (Ef. 2:19-22), y su presencia para bendecir puede ser disfrutada dondequiera que sus siervos le invoquen a través de Cristo, o invoquen a Cristo, como vice regente de Dios (Heb. 4:15-16; 10:19-22), mientras "Jerusalén" y "Sion" han llegado a ser nombres para una comunidad que no es de este mundo (Gál. 4:26; Heb. 12:22; Ap. 3:12; 21:2, 10), una comunidad que ahora se revela como el antitipo del cual la Jerusalén terrenal era el tipo. En el tiempo de Nehemías, sin embargo, era categóricamente necesario, porque había sido prescrito divinamente, que Dios debía ser adorado en Jerusalén –lo que significaba que Jerusalén necesitaba estar en una condición en la cual pudiera honrarlo públicamente como se debía.

El libro de Nehemías

Estamos ahora equipados para sintonizar el libro de Nehemías y entender de qué trata.

Es parte de un par, porque Esdras y Nehemías claramente van juntos; y es parte de un paquete, porque Esdras y Nehemías claramente constituyen una secuencia de los libros de Crónicas. El cronista revisa la historia de Israel desde David hasta el exilio con un enfoque en el templo y en la adoración y la vida espiritual de los reyes, los sacerdotes y el pueblo. Esdras y Nehemías mantienen este enfoque. Nehemías 1-7 y 13 se leen como extractos del diario de Nehemías, y los capítuls 8-12 se leen como registros oficiales que Nehemías escribió en esta narración cuando, tal vez como una tarea de jubilación (él era un político, después de todo, aparte de cualquier otra cosa), él preparó sus memorias para publicarlas. El capítulo 13 como está perdería mucho de su propósito si los capítulos 8-12 no estuvieran allí, como veremos.

La historia que relata Nehemías es fascinante. Trata de la reedificación de los muros de Jerusalén (caps. 1-6), la renovación de la adoración en Jerusalén (caps. 8-10), la repoblación de las calles de Jerusalén (caps. 11-12), y finalmente la reanudación de la renovación de Jerusalén, la que lamentablemente con el paso de los años había perdido calor (cap. 13). De modo que es al mismo tiempo la historia de la edificación literal de Jerusalén (el tipo), es decir la ciudad en Palestina, y la historia de la edificación espiritual de Jerusalén (el antitipo), es decir el pueblo del pacto de Dios, la iglesia del Antiguo Testamento. Nehemías a través de Dios edifica muros; Dios a través de Nehemías edifica santos. Humanamente,

Nehemías es la figura clave en ambas historias. Su libro lo revela como un líder pastoral par excellence, dedicado y dinámico, humilde, celoso, sabio y paciente, y en cada punto, como Moisés, Pablo, Martín Lucero, Oliver Cromwell y Winston Churchill, parece un poco más grande que la vida en razón de la claridad con la que define sus metas y la energía con la que las busca. Desde este punto de vista, su libro puede leerse como el registro de un triunfo personal de una clase pastoral y política. Pero igualmente puede leerse como un testimonio de los tratos de Dios con Nehemías y a quienes él servía de tal manera que obrara en ellos cualidades de vitalidad, fidelidad, valor, tenacidad, generosidad y madurez: cualidades de piedad que Dios constantemente fomenta en su iglesia, y que desde nuestro punto de ventaja reconocemos como semejanza a Cristo. Esto sin duda es el acercamiento correcto.

El libro de Nehemías, entonces, debe leerse como testimonio de la renovación y santificación de la iglesia. El motivo de Nehemías para componerlo es evidentemente doxológico, no de vanagloria: Él escribe por la gloria de Dios, no la de él; él testifica lo que Dios ha hecho en y a través de él, no a algo que él pudiera reclamar como logro personal. "Por tanto, mi servicio a Dios es para mí motivo de orgullo en Cristo Jesús. No me atreveré a hablar de nada sino de lo que Cristo ha hecho por medio de mí para que los gentiles lleguen a obedecer a Dios. Lo ha hecho con palabras y obras" (Rom. 15:17-18). De la misma manera, Nehemías se gloría en Dios y en lo que Dios ha hecho a través de él para el bienestar espiritual de otros, y el propósito de su libro es llevar a los lectores a compartir este gloriarse con él.

Parece, entonces, que el camino sabio al explorar el libro de Nehemías es estar igualmente interesado en la manera que Nehemías dirige al pueblo y la manera en que Dios dirige a Nehemías, y mantener el bienestar de la iglesia como el principal punto de interés a medida que seguimos estas dos investigaciones. Así que esto es lo que trataremos de hacer en las páginas siguientes.

1

Conozca a Nehemías

Me gusta; él era un constructor," me dijo el viejo constructor tejano. Me dio gusto escucharlo decir eso, porque, francamente, también me gusta Nehemías, y tengo la esperanza de que cuando llegue al cielo pueda conocerlo y decírselo también. Lo que quisiera que él supiera es que durante el medio siglo que tengo de ser cristiano él me ha ayudado enormemente, quizá más que cualquier otro personaje de la Biblia aparte del Señor Jesucristo. Cuando a la edad de diecinueve años comencé a preguntarme si Dios me quería en el ministerio profesional, fue la experiencia de Nehemías la que me mostró cómo se da la dirección vocacional y me puso en la ruta para estar seguro. Cuando fui puesto a cargo de un centro de estudio comprometido a contrarrestar la teología liberal, fue Nehemías el que me dio las claves que necesitaba acerca de liderar empresas para Dios y tratar con oposición atrincherada. Cuando después de ello llegué a ser el director de una universidad de teología que pasaba por una mala época, de nuevo fue Nehemías cuyo ejemplo de liderazgo me enseñó cómo hacer mi trabajo. Ya que lo que uno puede ver también lo puede decir, cuando he sido invitado a hablar sobre vocación o liderazgo con frecuencia he llevado a mis oyentes en un viaje por partes de la historia de Nehemías. Naturalmente uno tiene sentimientos cordiales hacia aquellos con quienes está en deuda, y yo estoy profundamente en deuda con Nehemías; nadie debería asombrarse, por tanto, que ahora lo considero como un amigo particular.

No soy el único que lo considera así. Un libro publicado en 1986 comenzó así:

> Los detalles de mi primer encuentro con él están nebulosos en mi mente. Dios me lo envió durante mis primeros años de universidad para ayudarme a superar algunos desafíos formidables. Él ha sido un compañero cercano desde entonces...
>
> Nehemías pone su misma existencia en su diario, el cual está incorporado en el libro que ahora llamamos por su nombre. Mientras lo leo puedo sentir los latidos de su corazón, siento el temblor de sus dedos, conozco la pesadez de sus gemidos... ¡Él era muy sabio! Y ahora ¡él me inculca las lecciones básicas de liderazgo! No he olvidado ninguna de ellas y he vuelto a él una y otra vez para reafirmarlas.
>
> Como estudiante de medicina tenía especial necesidad de él. Él fue un líder, Y, lo quisiera o no, yo también era... Me convertí, en un tiempo relativamente corto, en el presidente nacional de Inter-Varsity en Inglaterra... Durante este período Nehemías me confortó y me instruyó... Escogí exponer el libro de Nehemías en la primera fraternidad latinoamericana de estudiantes evangélicos... Nehemías llegó a ser una clase de santo patrón del nuevo movimiento –o al menos una guía iluminadora para los jóvenes estudiantes que enfrentaban la fabulosa tarea de evangelizar un continente...
>
> A medida que una responsabilidad reemplazaba a otra, continué siendo fascinado e instruido por la vida y las palabras de este hombre de acción. Y a al envejecer recogí más de él. Era el hombre, no el libro, el que me cautivaba... Él se ha convertido en mi modelo de liderazgo.[1]

Cuando leí por primera vez estas palabras de John White, reí a carcajadas, como a veces uno no puede evitar frente a las deliciosas cosas que Dios hace. John White y yo somos casi contemporáneos y tenemos varias cosas en común (una formación en InterVarsity de Inglaterra; genes británicos ligados a una ciudadanía canadiense; una teología evangélica, una carga pastoral y un llamado a escribir; además de vivir en Lower Mainland de British Columbia). Pero fue hasta 1986 cuando supe que compartíamos una relación paralela con Nehemías. El párrafo citado, sin embargo, toma palabras directamente de mi corazón. Me pregunto cuántos más hay que han sido instruidos por Nehemías en esta manera.

Defectos de Nehemías

Aunque Nehemías no aparece en la lista de todos de personajes favoritos de la Biblia, y eso, imagino, se debe al menos a dos razones. Para empezar, muchos cristianos saben muy poco acerca de él. Su lectura del Antiguo Testamento es superficial en el mejor de los casos, y el libro de Nehemías es uno al que nunca se acercan. Al saber que Nehemías no es mencionado en el Nuevo Testamento, infieren que no es importante, y así no le dan interés. Si se les dijera lo fuerte que es el caso para clasificarlo con Moisés, como el re fundador bajo la dirección de Dios de la nación en la que Dios usó a Moisés para crear, se sorprenderían.

Además, algunos de los que conocen un poco sobre él han formado una imagen desagradable que les impide tomarlo en serio como un hombre de Dios. Lo ven como persona algo desagradable que acostumbraba hacerse respetar y nunca sería una compañía agradable bajo ninguna circunstancia. Destacan las imprecaciones en sus oraciones –"Haz que sus ofensas recaigan sobre ellos mismos: entrégalos a sus enemigos; ¡que los lleven en cautiverio! No pases por alto su maldad ni olvides sus pecados, porque insultan a los que reconstruyen" (Neh. 4:4-5; compare 6:14 y 13:29, donde "recuerda" significa "recuerda para juicio"). Observan que al menos en una ocasión él maldijo y golpeó a algunos de sus compatriotas y les arrancó el cabello (13:25). Concluyen que difícilmente él era un buen hombre; ciertamente no un hombre de gran estatura espiritual, de quien se puedan aprender lecciones preciosas.

¿Cuál es el comentario apropiado de semejante opinión? Primero, en realidad existía un lado áspero en Nehemías; lo hay para la mayoría de los líderes. En términos de los cuatro temperamentos clásicos, parece haber sido un hombre colérico, robusto, incansable y franco que estaba feliz cuando acometía con energía proyectos desafiantes y quien encontraba más fácil (como decimos en nuestros días) hacer antes que ser. Personas de esa clase a menudo se hallan luchando, particularmente cuando los dirige su celo, como a veces lo hace, a hablar y actuar de manera exageradamente enfática. Pero, segundo, caballos para las carreras; Dios había preparado a Nehemías para una tarea que un hombre menos directo no habría podido realizar. Y, tercero, la limpieza que Jesús llevó a cabo en el templo y su denuncia contra los fariseos fue más áspera que cualquier relato de Nehemías; si pensamos que la violencia de Jesús estaba justificada, debemos conceder la posibilidad de que también la de Nehemías lo fuera. Diré más al respecto en el lugar apropiado.

Sin embargo, no estoy alegando que Nehemías no haya tenido pecado. Sería necio al punto de blasfemia si lo hiciera. Jesucristo es la única persona sin pecado que conocemos en la historia bíblica; él es la única persona sin pecado que ha existido jamás. El resto de los siervos de Dios han sido criaturas caídas, pecadores salvos por gracia, y a veces su pecaminosidad se muestra. Si acaso Nehemías tenía cabello rojo no lo sé, pero ciertamente tenía una intensidad sobre sí mismo que lo hacía expresarse con un estilo feroz no muy parecido a Cristo. Este era el defecto de su calidad, la limitación que iba con su fuerza. Todo siervo de Dios falla de un modo u otro, y Nehemías no fue la excepción a esa regla. Aun así sus puntos fuertes eran asombrosos; así que espero que nadie pierda el interés en él simplemente porque hemos concordado que no era perfecto.

Fuerzas de Nehemías

¿Qué fuerzas especiales vemos en Nehemías? Tres, al menos. Primero, es un modelo de celo personal —celo, esto es, para la honra y la gloria de Dios. Como lo dice en una de sus oraciones, es uno de esos que se deleitan "en honrar tu nombre" (1:11), y la fuerza de su pasión para magnificar al Señor es muy grande. Un celo así, aunque igualado por Jesús, los salmistas y Pablo (para no ver más allá), es más raro hoy que lo que debería ser; la mayoría de nosotros es más como los tibios laodicenses, vagando alegremente en iglesias serenas, sintiéndose confiados que todo está bien, y por tanto causando disgusto a nuestro Señor Jesús, quien mira que, espiritualmente hablando, nada es correcto (vea Ap. 3:14-22). El lenguaje áspero de la amenaza de nuestro Señor de vomitar a la iglesia de Laodicea –es decir, repudiarla y rechazarla- muestra que el celo por la casa de Dios todavía lo constriñe en su gloria, como lo hizo en la tierra cuando limpió el templo (Jn. 2:17). De vuelta a los días cuando Dios utilizó su propio pueblo como sus ejecutores, no sólo en guerra santa con paganos pero también en la disciplina de la iglesia, Finés el sacerdote había alanceado a un israelita y junto con su amante madianita, y Dios a través de Moisés había encomiado su celo que igualaba el de Dios: "Ha actuado con el mismo celo que yo habría tenido por mi honor... Dile... que yo le concedo mi pacto de comunión... ya que defendió celosamente mi honor..." (Núm. 25:11-13). Como Dios es celoso, así deben ser sus siervos.

¿Estamos claros qué es el celo? No es fanatismo; no es violencia; no es entusiasmo irresponsable; no es ninguna forma de egoísmo molesto. Es, más bien, un compromiso humilde, reverente, parecido a negocio, enfocado a santificar el nombre de Dios y el hacer su voluntad.

> Un hombre celoso en religión es eminentemente un hombre de una sola cosa. No es suficiente decir que es serio, afectuoso, intransigente, minucioso, íntegro y ferviente en

> espíritu. Mira solo una cosa, es absorbido por una sola cosa; y eso es agradar a Dios. Viva o muera –esté sano o enfermo– sea rico o pobre; agrade u ofenda a los hombres; se le crea sabio o estúpido; ya sea que recibe honor, o consigue vergüenza; nada de esto le preocupa. A él lo consume una cosa, agradar a Dios, y promover la gloria de Dios.[2]

Las personas con este celo son sensibles a las situaciones en las que la verdad y el honor de Dios están en una manera u otra están en peligro, más bien que dejar que el asunto se olvide forzarán el asunto en la atención de las personas para empujar si es posible un cambio de corazón al respecto –aun a riesgo personal. Nehemías era celoso en este sentido, como veremos, y su celo es un ejemplo para todos nosotros.

La segunda fuerza que encontramos en Nehemías es su compromiso pastoral: el compromiso de un líder, un promotor natural, a un servicio compasivo por el necesitado. Un líder es una persona que puede persuadir a otros a abrazar y perseguir su propósito; como (pienso) Harry Truman lo expresó una vez, la tarea del líder es hacer que otras personas hagan lo que ellos desean hacer y lograr que les guste hacerlo. Uno es solo un líder si es seguido por alguien, así como sólo se es maestro si otros realmente aprenden de uno; así que para ser líder, uno debe ser capaz de motivar a otros. Pero entonces uno está en peligro de volverse un dictador, usando su poder de persuasión para manipular y explotar a quienes dirige. Nehemías, sin embargo, no era así. No era un dictador como no era un felpudo; no trataba sin miramientos a las personas más que lo que permitía que otros lo tratan así a él. Mientras expresaba amor por Dios por su celo concentrado, del mismo modo expresó amor por su prójimo mediante su cuidado compasivo. Conscientemente asumió la responsabilidad por el bienestar de otros; él vio la restauración de Jerusalén como una operación de beneficencia, no menos que una honra para Dios, y sacó tiempo al menos una vez de la construcción del muro para ayudar al pobre (vea 5:1-

13), además de la permanente renuncia a su derecho de pedir apoyo de quienes gobernaba (5:14-18).

Nehemías desliza un número de sus oraciones en sus memorias, y algunas de estas han provocado desconcierto. "¡Recuerda, Dios mío, todo lo que he hecho por este pueblo, y favoréceme!" (5:19, siguiendo el relato de su servicio social) es un ejemplo. Más de tales oraciones aparecen en 13:14, 22, 1. ¿Qué sucede aquí? Preguntamos. ¿Está Nehemías tratando de construir un balance meritorio en el diario de Dios? ¿Está pidiendo ser justificado por sus obras? De ninguna manera. Él se refiere a lo que ha hecho simplemente como una muestra de su integridad y sinceridad en el ministerio, una prueba de su autenticidad como siervo de los siervos de Dios. En otras palabras, como evidencia de vivir el compromiso pastoral del que he estado hablando.

La tercera fuerza que Nehemías muestra es sabiduría práctica, la capacidad de hacer planes realistas y lograr que las cosas se hagan. Desde este punto de vista, las memorias de Nehemías constituyen un curso acelerado en habilidades directivas. Una vez que tuvo éxito en cambiar su vida cómoda como un lacayo de alto rango en el palacio (copero real) por la función problemática de gobernador de Judá, con disconformes constantemente ladrando a sus talones mientras intentaba reedificar y reorganizar Jerusalén, lo vemos levantarse a la altura del desafío de cada situación con penetración verdaderamente maestra e ingenuidad. Lo vemos asegurándose un salvoconducto y vales para materiales de construcción de parte del rey; organizar y supervisar la construcción del muro; arreglar la defensa de Jerusalén mientras la construcción seguía adelante; apagar el descontento y prevenir una amenaza de huelga dentro de la fuerza laboral; mantener el ánimo hasta que el trabajo se llevara a cabo; conducir negociaciones delicadas con amigos y con enemigos; y finalmente imponer varias veces leyes no apreciadas acerca de la raza, los servicios en el templo, y la observancia del día de reposo. Los dolores de cabeza de Nehemías como hombre superior fueron muchos, y la versatilidad santificada con la que maneja todas estas cosas es algo maravilloso de ver.

Y sus logros fueron tan destacados como sus dones. Él reedificó el muro en ruinas de Jerusalén en cincuenta y dos días, cuando nadie más pensaba que se podía reedificar. Restauró la adoración regular en el templo, la instrucción regular de la ley de Dios, la observancia seria del día de reposo, y la vida familiar piadosa. Él fue el verdadero nuevo fundador de la vida corporativa de Israel después del exilio, siguiendo a las restauraciones relativamente fallidas de los siglos anteriores. Él toma su lugar, por derecho, como parece ser, con los grandes líderes del pueblo de Dios en la historia de la Biblia: con Moisés, David y Pablo. Nehemías verdaderamente fue un hombre maravilloso.

Con todo, Nehemías sería el primero en reprenderme si dejo el asunto allí, porque él supo, e insiste en su libro, que lo aquello que logró no fue mero logro humano y sería un mal entendido si se tratara de esa manera. Las oraciones de en busca de ayuda que enfatizan su historia muestran dónde creía él que descansaba su fuerza, y donde diariamente buscaba el apoyo (vea 1:4-11; 2:4; 4:4; 9; 6:9). Su referencia a lo que Dios "puso en su corazón" (2:12; 7:5) muestra el lugar de donde él creía que su sabiduría provenía. Y su declaración "la muralla se terminó... [en] cincuenta y dos días... nuestros enemigos... reconocieron que ese trabajo se había hecho con la ayuda de nuestro Dios" (6:15-16) realmente lo dice todo. "No me den el crédito", Nehemías protesta en efecto; "lo que se hizo a través de agentes humanos como yo fue hecho por Dios, y él debe tener la alabanza por ello." Estoy de acuerdo, y espero que mis lectores también. ¡Soli Deo Gloria (Solo a Dios sea la gloria)!

El Dios de Nehemías

Lo que hace que alguien sea un hombre de Dios es fundamentalmente su visión de Dios, y nos ayudará a conocer mejor a Nehemías si a estas alturas damos un vistazo a sus creencias acerca de Dios, como su libro las revela. Doy por sentada, como ya debe ser obvio, la unidad del libro como un producto de la propia mente de Nehemías. Ya hemos visto que su núcleo son las memorias personales de este hombre de acción (capítulos 1-7 y 13), a lo que se ha agregado lo que parece un registro oficial de los ejercicios inaugurales de adoración en la Jerusalén restaurada (capítulos 8-12). La lista de edificadores en el capítulo 3, la relación del censo del capítulo 7, la lista de los firmantes en 10:1-27, y las listas de residentes en Jerusalén y sus alrededores, con sacerdotes y levitas, que llenan los capítulos 11:3—12:26 son la clase de material que hoy en día se pondría en apéndices; pero la forma antigua era simplemente incorporar todo en el texto. La conjetura natural es que, como un político moderno que sospecha o espera aparecer en los futuros libros de historia, Nehemías dedicó alguna parte de su jubilación a componer lo que en efecto es su testamento político y testimonio personal unido en uno; y a este fin sacó del diario que había mantenido durante sus años como figura pública, más fuentes oficiales a las que, como ex gobernador de Judá, tenía acceso directo.

El libro de Esdras, en esta perspectiva, habría sido escrito naturalmente como un volumen compañero, para relacionar el logro de Nehemías con lo que ha precedido desde el final del exilio.

Sea lo que fuera –y puedo asegurar que nada de ello puede probarse como cierto– el libro de Nehemías es una unidad, y por tanto no estamos equivocados al suponer que por escribir los capítulos 8-12 en su texto Nehemías endosó e hizo suyo todo lo que declaran acerca de Dios y sus caminos, aun cuando originalmente no los escribió.

Lo que Nehemías nos da de su diario nos habla, como lo pone el puritano Matthew Henry, no solo de las obras de sus manos sino también de las obras de su corazón; de hecho, casi nos dice más de lo último que de lo primero. Pero las obras del corazón de Nehemías en fe, oración, esperanza, confianza y aceptación de riesgo santificado y lucha espiritual contra lo que podemos reconocer como desalientos y distracciones dirigidos por el poder demoníaco todas expresan reflejan su conocimiento de Dios. Y esto comienza por él, como debe ser para todos, con el conocimiento acerca de Dios: el conocimiento conceptual que llamamos teología. La teología, que significa verdades en nuestra mente acerca de Dios, no es lo mismo que una relación con Dios, como la ortodoxia de los demonios lo demuestra (vea Stg. 2:19). Pero sin verdadera teología, aunque pueda haber un fuerte sentido de la realidad de Dios (como en el hinduismo, el animismo y la nueva era), la entrada a una relación de pacto por la cual conocemos que Dios es verdadera y eternamente nuestro no es posible. Así que, si queremos acercarnos a Nehemías y enriquecer nuestra relación con Dios a partir de la de él, debemos obtener un conocimiento de su teología.

Hace algunos años me ausenté por dos noches de una conferencia teológica en Nueva York que me estaba aburriendo. En una de las noches un amigo refugiado me llevó a un club de jazz, y pasé la otra en la Ópera Metropolitana donde se interpretaba Tannhauser de Wagner. Durante el primer intermedio una dama más joven que estaba sentada enseguida de mí comenzó a charlar acerca de la producción, y como aficionado de la ópera la charla se tornó animada. Me parecía que su esposo, sentado al otro lado de ella, no le interesaba la ópera y se sentía excluido. Me di cuenta que me veía de reojo y que tenía su mano fuertemente agarrada de la rodilla de ella; supongo que como señal de propiedad. Luego se separó de ella abruptamente, para sentarse en otra parte por el resto de la función. Eso fue muy incómodo. Tal vez su esposa había comenzado muchas conversaciones con otros hombres en el pasado. Tal vez la había llevado a la ópera en contra de su voluntad y quería volcar un poco de su enojo sobre alguien más. De cualquier modo, evidentemente sentía que su esposa en ese momento estaba más cerca de mí que de él, y eso no le gustaba. Y –este es el punto– lo que él sentía en un sentido era correcto, porque ella y yo conocíamos bastante de ópera, y al no tener ese conocimiento él no podía comprender lo que compartíamos, no compartía con nosotros. De la misma manera, a menos que sepamos lo que Nehemías sabía acerca de Dios no seremos capaces de comprender y compartir la visión y pasión que lo impulsaron a través de sus años de ministerio y convertirlo en un brillante ejemplo para nosotros de un liderazgo que sirve.

Así que preguntamos: ¿Qué creía Nehemías acerca de quien sobre diez veces, seis veces en oraciones transcritas, llamó "Dios mío"? ¿Cuánta era la fe de Nehemías en Dios? La respuesta es clara del libro mismo.

En primer lugar, el Dios de Nehemías es el creador trascendente, el Dios "del cielo" (1:4; 2:4, 20), auto sustentador, poderoso y eterno ("de eternidad a eternidad", 9:5). Él es "grande" (8:6): "grande y admirable" (1:5; 4:14): "grande, temible, poderoso" (9:32), y los ángeles ("las multitudes del cielo") lo adoran (9:6). Señor de la historia, Dios de juicio y misericordia: "eres Dios perdonador, clemente y compasivo, lento para la ira y grande en amor" (9:17; vea Éx. 34:6-7), Dios era para Nehemías la más sublime, permanente, penetrante, íntima, humilde, exaltadora, y encomiable de todas las realidades. La base por la cual, como el misionero William Carey, Nehemías intentó grandes cosas para Dios y esperó grandes cosas de Dios fue que, como el calvinista Carey, entendió la grandeza de Dios.

En segundo lugar, el Dios de Nehemías es Yahweh: "el SEÑOR", el hacedor y guardador del pacto, cumplidor de promesas, y fiel Dios de Israel (9:8, 32, 33). La oración por la que el ministerio de Nehemías nació fue: "Señor, Dios del cielo, grande y temible que cumples el pacto..." y sigue adelante hasta pedir que Dios bendiga a "tus siervos y tu pueblo, al cual redimiste [de Egipto, hace mucho tiempo]" (1:5, 10; cp. 9:9-25). El pronombre personal en las frases "tu pueblo": "nuestro Dios" (4:4, 20; 6:16; 10:32, 34, 36, 37, 38, 39; 13:2, 18, 27), y "mi Dios" (2:8, 12, 18, 5:19; 6:14; 7:5; 13:14, 22, 29, 31) son afirmaciones de las relaciones de pacto entre Dios y los israelitas como una realidad establecida, y las invocaciones de ello como una base para la confianza, la esperanza y la obediencia. El pacto de Dios, como el pacto matrimonial, era un lazo mutuo de posesión y entrega de sí mismo: Dios poseía a Israel como su pueblo y se dio a ellos para bendecirlos mediante sus dones y dirección, mientras que los israelitas poseían a Jehová como su Dios y profesaban darle honor mediante su adoración y servicio. La devota dependencia en Dios que sostuvo a Nehemías a través de su carrera como líder, y que con tanta frecuencia verbalizó a través del libro, era una expresión de su fe en el compromiso de pacto que Dios tenía con él y con quienes dirigía, como era su declaración mientras preparaba las defensas de Jerusalén: "Nuestro Dios peleará por nosotros" (4:20). Su fe en Dios nunca fue decepcionada. El Dios de Nehemías demostró ser un fiel guardador del pacto que no abandonó a su siervo.

En tercer lugar, el Dios de Nehemías es un Dios cuyas palabras de revelación son verdad y dignas de confianza. A través de instrucción espiritual dada por medio de Moisés y los profetas (1:8; 8:1, 14; 9:13, 30; cp. 9:20), Dios había dicho a su pueblo quién era Él, lo que quería de ellos, cómo respondería si ellos eran rebeldes, y qué haría si ellos se arrepentían después. "Recuerda", oró Nehemías "te suplico, lo que le dijiste a tu siervo Moisés: Si ustedes pecan, los dispersaré entre las naciones: pero si se vuelven a mí, y obedecen y ponen en práctica mis mandamientos, aunque hayan sido llevados al lugar más apartado del mundo los recogeré y los haré volver al lugar donde he decidido habitar" (1:8-9, aludiendo a Lev. 26, especialmente versículo 33; Dt. 28:64 y 30:1-10, especialmente versículo 4). Aquí, al comienzo de su libro, vemos a Nehemías tratando con Dios sobre la base de que Él es el Dios que cumple lo que dice.

Después, Esdras (Neh. 8:1-6) y Nehemías (8:9-10) trataron el tiempo dedicado a la lectura, predicación y enseñanza de la Ley de Dios como un gran acontecimiento nacional, precisamente por lo que Dios había establecido en los libros de Moisés como su voluntad para Israel estaba todavía en vigor. Esa era la razón por qué era tan importante erradicar la ignorancia de la Ley, y luego los pecados pasados de ignorar la Ley fueron confesados y renunciados solemnemente, y luego hacer el nuevo compromiso "a obedecer todos los mandamientos, normas y estatutos del Señor" (10:29, vea capítulos 9-10). La Ley que Dios dio a su pueblo del pacto para mostrarles cómo agradarlo era, para Nehemías las normas incambiables de justicia, tal como lo eran las promesas de Dios, para él, la base incambiable de esperanza para el futuro y confianza presente. Nehemías por lo tanto llega a ser un modelo para nosotros, en términos del Antiguo Testamento, de lo que significa vivir por la convicción expresada en la antigua canción cristiana:

Confía y obedece,
Porque no hay otra manera
De ser feliz en Jesús
Que confiar y obedecer

Estas tres convicciones acerca de Dios eran ciertamente la hechura de Nehemías. Sin ellas, nunca se habría preocupado lo suficiente acerca del honor de Dios en Jerusalén para orar que la ciudad fuera restaurada, tampoco hubiera buscado el costoso y atemorizante papel de ser el líder en esa restauración, tampoco hubiera tenido lo que se requería para mantenerlo adelante frente a la apatía y animosidad que su liderazgo enfrentó. Mientras que es cierto que por temperamento era un maestro al punto de ser autocrático y áspero al punto de la obstinación, estas cualidades solas nunca producirían la paciencia, disposición, sentido de responsabilidad y libertad del cinismo defensivo que lo caracterizó. La cualidad de Nehemías que C. S. Lewis llamó obstinación en creer, el factor de continuidad, tenía algo sobrenatural que solo puede explicarse en la manera que el escritor de Hebreos explica la firmeza de Moisés al desafiar al rey de Egipto y dirigir a la chusma de israelitas en el peregrinaje a su nueva tierra: "Por la fe salió de Egipto sin tenerle miedo a la ira del rey, pues se mantuvo firme como si estuviera viendo al Invisible" (Heb. 11:27). Es sólo los que "ven" al Dios del pacto grande, poderoso, bondadoso, fiel los que son capaces de resistir la clase de presiones que Moisés y Nehemías enfrentaron –presiones que implicaban extremos de lo que los dichos ingleses de los años setenta llamaban "aggro"- y de aquí real riesgo a la vida. Esta visión produce esperanza, levanta la moral, y sostiene el compromiso en una manera más allá del entendimiento del mundo y de los de la iglesia cuya visión de Dios ha disminuido.

Se ha calculado que los varios lapsos del siglo veinte en barbarismo político, trivial y sociológico han producido más mártires que cualquier siglo anterior ha visto, aun el segundo y el tercero, durante los cuales el cristianismo era una religión prohibida y surgió persecución oficial vez tras vez. Simplemente es un hecho que aquellos que renunciaron a sus vidas antes que renunciar a su fe han venido de aquellos círculos cristianos en los cuales la visión bíblica del Dios vivo se ha enseñado y mantenido.

Por la mejor parte de dos siglos, formas del camaleón intelectual llamado liberalismo, o modernidad, han dominado las iglesias principales de occidente. La raíz del liberalismo modernista es la idea, surgido de la llamada Ilustración, de que el mundo tiene la sabiduría, de modo que el cristianismo debe absorber y ajustar a lo que el mundo esté diciendo en el mundo acerca de la vida humana. El deísmo, que desvanece a Dios enteramente del mundo de los asuntos humanos, y el punto de vista llamado hoy pananteísmo o monismo, que lo aprisionan penetrante pero impotentemente, han sido los polos entre lo que ha fluctuado el pensamiento liberal acerca de Dios. Pero ninguno de estos conceptos sobre Dios, es, o puede ser, trinitario; tampoco tiene espacio para creer en la encarnación, o en una expiación objetiva, o en una tumba vacía, o en el señorío cósmico soberano de un Cristo vivo hoy; y tampoco encuadra con la afirmación que la enseñanza bíblica es una verdad revelada divinamente. No es de sorprender, entonces, que el liberalismo típico produce, no mártires, ni personas que desafían el estatus secular, sino adornos, personas que van con el consenso cultural del momento, sea sobre al aborto, la permisividad sexual, la identidad básica de todas las religiones, la impropiedad del evangelismo y la tarea misionera, o cualquier otra cosa.

En el último siglo, cuando las ideas del progreso estaban en el aire y era posible creer que cada día en todas maneras el mundo estaba mejorando, el liberalismo, que se presentaba a sí mismo como un cristianismo de vanguardia, podría hacerse parecer correcto; en nuestro día, sin embargo, las personas que piensan que están seguros lo han encontrado equivocado. Hoy, después de todos los horrores que nuestra era han visto, la idea de que el mundo es el depositario de sabiduría parece más un mal chiste, y el punto de vista que clasifica al cristianismo de nuestros padres, el cristianismo que produjo a Agustín, Lutero, Whitefield, Wesley, Spurgeon, Lloyd-Jones y Billy Graham, como una bolsa de retazos de basura pasada de moda en el cual podemos mejorar las apariencias como realmente es. La única clase de cristianismo que puede razonablemente reclamar la atención para el futuro es el cristianismo basado en la Biblia que define a Dios en términos bíblicos y ofrece, no afirmaciones, pero transformación de nuestra vida desordenada.

Un signo esperanzador en medio de la confusión a gran escala que marca a la iglesia moderna es que más y más de lo que profesan ser cristianos reciben la Biblia como la Palabra de Dios y toman al Dios que encontramos en sus páginas con total seriedad, como lo hicieron los reformadores y los puritanos y los despertares evangélicos del siglo dieciocho. Ha sido como cualquier cosa que en cualquier tiempo en la historia que el Espíritu de Dios se ha movido en avivamiento. Fue así en los días de Nehemías, como veremos, y todavía es el caso que la vida espiritual comienza cuando almas con hambre se vuelven, o regresan, a la Biblia y su Dios. Quizás Dios no nos ha abandonado totalmente, después de todo.

La piedad de Nehemías

Las personas que viven cerca de Dios tienen más consciencia de Dios que consciencia de ellos, y si les llama piadosos o santos en su cara es probable que sonrían, muevan su cabeza y digan que les gustaría que eso fuera verdad. Lo que conocen de sí mismos se relaciona más con sus debilidades y pecados que con algún atavío espiritual verdadero o imaginario, y son reacios a hablar de sí mismos excepto como instrumentos en las manos de Dios, siervos cuya historia sólo merece ser tomada en cuenta porque es parte de la historia más grande de cómo Dios se ha exaltado en este mundo que le niega honor. Nehemías parece haber sido esta clase de santo, y las vislumbres que nos da de su vida interior son raras. Por temperamento natural él era tan extrovertido como Jeremías era introvertido, y en cualquier caso la manera de los extrovertidos es enfocarse en asuntos fuera de ellos mismos. Tres cosas al menos, sin embargo, pueden especificarse con seguridad sobre su vida espiritual, en cada una de ellas él es un brillante ejemplo para los creyentes cristianos.

Primero, el caminar con Dios de Nehemías estaba saturado con su oración, y oración de la clase más verdadera y pura; es decir, la clase de oración que siempre procura aclarar su visión de quién y qué es Dios, y celebrar su realidad en adoración constante, y volver a pensar en su presencia las necesidades y peticiones que se traen ante él, de manera que la expresión de ellas comience por especificar que "santificado sea tu nombre... que se haga tu voluntad... porque tuyo es el reino, el poder, y la gloria". Como comenzamos a ver antes, Nehemías enfatiza su historia con oraciones a "mi Dios", quien es "nuestro Dios". Él comienza su libro con una trascripción completa de su plegaria por el pueblo del pacto (1:5-11), la termina con cuatro peticiones, la última de las cuales en realidad es su línea de terminación (13:14, 22, 29, 30), y se sale de curso para registrar otras oraciones a través de su narración. (¿Escribió estas oraciones en el primer momento que las hizo? Parece que así fue, y gran cantidad de personas que oran han encontrado que esta es una buena práctica.) Está claro que como escritor entiende, y ahora quiere que sus lectores entienda, que solamente las aventuras que comenzaron con oración y estuvieron bañadas de oración con ellas es probable que sean bendecidas como la aventura de reedificar los muros de Jerusalén, así que selecciona y ordena su material para proyectar esta verdad sin tener que ponerlo en palabras. Él nos habla de su oración para enseñarnos de su propio ejemplo que es la oración la que cambia las cosas, y que sin oración no hay prosperidad. Evidentemente había aprendido esto en años anteriores a que abriera su libro, así que cuando las malas noticias procedentes de Jerusalén sabía que su primera tarea era, como dice el antiguo himno: "llevar todo a Dios en oración.

La vida pública de Nehemías fue el flujo, y por tanto la revelación, de su vida personal, y su vida personal como lo muestra su narrativa estuvo empapada, y formada por oración habitual de petición, en la que la devoción, la dependencia y el deseo por la gloria de Dios encontraron igual expresión. En esto él está frente a nosotros como un modelo. "oren sin cesar": "oren en el Espíritu en todo momento", dice Pablo (1 Ts. 5:17; Ef. 6:18). Jesús dijo a sus discípulos la parábola del juez injusto "para mostrarles que debían orar siempre" (Luc. 18:1). La vida de Nehemías enseña la misma lección. La conversación privada constante con Dios, pidiendo y adorando, es una expresión natural de un corazón regenerado y una disciplina necesaria para un líder espiritual, y el ejemplo de Nehemías en este punto debería ser indeleble en nuestra mente.

Segundo, el caminar de Nehemías con Dios implicaba solidaridad con su pueblo –los judíos, pueblo de Dios- en su pecado y necesidad. Él era un hombre de grandes dones y marcada individualidad, viviendo como empleado oficial persa, primero como copero real, luego como gobernador de provincia; esto necesariamente ponía una distancia de otros judíos exteriormente, y podría haber enfriado su pasión por el bienestar de los judíos interiormente a medida que pasaban los años. Pero en realidad su compromiso para ver reedificada Jerusalén, material y espiritualmente, nunca disminuyó. Su celo por esta causa corre por su libro, haciéndose claro en las primeras oraciones. Los viajeros de Jerusalén arribaron, y Nehemías les pregunta cómo estaba la ciudad (1:1-2). Ellos le dicen que los muros están derribados de nuevo, las puertas han sido derribadas al suelo, y la escena es de "gran problema y desgracia" para la comunidad que había regresado.

Al escuchar esto, Nehemías dedica sus horas libres por varios días haciendo duelo, en ayuno, llorando y en oración; al parecer buscando que Dios le mostrara por qué orar específicamente (un paso constantemente necesario, sea dicho, en la práctica de la intercesión) (1:3-4). "Entonces" con su mente clara al fin y su petición formada y enfocada, presenta ante Dios la petición que el Espíritu de Dios le ha ayudado a poner en orden (1:5-11). Y en esta petición su solidaridad con los judíos de Jerusalén no tiene calificativo y es completa. "Confieso los pecados de los hijos de Israel que hemos cometido contra ti; sí, yo y la casa de mi padre hemos pecado. En extremo nos hemos corrompido contra ti, y no hemos guardado los mandamientos, estatutos y preceptos que diste a Moisés tu siervo" (1:6-7). Reconoce la solidaridad (hemos, no solo han) por sabiendo que así es como Dios lo mira. Así que acepta una parte en la culpa del pueblo que ahora está siendo juzgado, y en esto, también, es un modelo para nosotros.

La solidaridad como envolvimiento comunal de acuerdo con la Biblia –la solidaridad de la familia, la nación y la iglesia– es algo que no entendemos bien. La cultura occidental enseña nos enseña a tratarnos como individuos aislados y disculparnos por no aceptar ser solidarios con algún grupo, especialmente cuando la solidaridad es de mala fama. John White relata una historia encantadora para ilustrar nuestra actitud.

> Como estudiante de medicina una vez perdí una clase práctica sobre enfermedades venéreas. Por ello tuve que acudir a la clínica de enfermedades venéreas solo una noche en una hora cuando normalmente los estudiantes no asisten. Al entrar al edificio un enfermero a quien no conocía me encontró. Había fila de hombres esperaba el tratamiento. "Quiero ver al doctor," dije.
>
> "Eso es lo que todos quieren. Póngase en la línea", contestó.
>
> "Pero usted no entiende. Soy estudiante de medicina," protesté.
>
> "No hay diferencia. Usted la obtuvo de la misma manera que los demás. Póngase en la línea," volvió a ordenar el enfermero.
>
> Al final me las arreglé para explicarle por qué estaba allí, pero todavía puedo sentir la sensación de culpa que me impidió pararme en la línea con hombres que padecían enfermedades venéreas."[3]

Nehemías, sin embargo, sabía que Dios veía a los judíos, la simiente de Abraham, como una familia, con responsabilidades colectivas y un destino colectivo, y sin dudarlo se identificó con ellos en la culpa que los había puesto bajo juicio. Jesús se condujo de manera similar cuando, como Salvador, hizo fila con pecadores y pasó por el bautismo de arrepentimiento de Juan; lo mismo debemos hacer en la iglesia. Todos tenemos mayor parte en los errores e infidelidad de la iglesia de lo que sabemos, y por tanto no debiéramos tratar esa sensación que tenemos por sus fallas como una excusa para no confesar que tenemos parte en el proceso de sus fallas. Tampoco es para que demos la espalda a la iglesia con impaciencia, como los trabajadores "paraeclesiásticos", así llamados, a veces hacen, pero orar y trabajar por su renovación, manteniendo eso como nuestro principal enfoque de interés todo el tiempo. Esta es la mayor lección que aprender de nuestro encuentro con Nehemías.

Tercero, el caminar con Dios de Nehemías trajo sobriedad acerca de sus poderes. Este es un rasgo distintivo del carácter que revela la verdadera humildad y madurez delante de Dios. Ser humilde no es asunto de pretender ser indigno, pero es una forma de realismo, no sólo respecto a la maldad verdadera de los pecados y torpezas personales y la profundidad verdadera de nuestra dependencia en la gracia de Dios, pero también respecto al grado de nuestras habilidades. Los creyentes humildes saben lo que pueden hacer y lo que no pueden. Están al tanto de sus dones y de sus limitaciones, y así pueden evitar la infidelidad de dejar que los poderes que Dios les ha dado permanezcan inactivos y la necedad de echarse más trozos de los que pueden masticar. Nehemías tenía dones de liderazgo y dirección que usó hasta el límite. Su carácter práctico visionario fue un don maravilloso, que produjo resultados maravillosos. La manera en que motivaba y dirigía la construcción de los muros de Jerusalén, la repoblación de la ciudad, y la reorganización de los recursos del templo fueron verdaderamente napoleónicos. Pero cuando el programa era enseñar la Ley y el primer gesto público de obediencia renovada a Dios, Nehemías dio un paso atrás y dio a Esdras y a los levitas la función de liderazgo, interviniendo solamente en un momento de confusión general para urgir al pueblo a celebrar en vez de llorar (8:9-10). De otra manera, se limitó a organizar las procesiones a la dedicación del muro (12:31, 38, 40). Sabía que no había sido llamado o calificado para predicar y enseñar, y no trató de usurpar estas funciones. En esto se mostró humilde y maduro y reveló un realismo acerca de sus dones y responsabilidades que haríamos bien en codiciar para nosotros.

Aquí están, entonces, las tres lecciones fundamentales que podemos aprender del servicio de Nehemías a Dios antes de que pasemos a estudiar las formas que tomó su servicio.

2

Llamado a servir

Éstas son las palabras de Nehemías hijo de Jacalías:

En el mes de quisleu del año veinte, estando yo en la ciudadela de Susa, llegó Jananí, uno de mis hermanos, junto con algunos hombres de Judá. Entonces les pregunté por el resto de los judíos que se habían librado del destierro, y por Jerusalén.

Ellos me respondieron: «Los que se libraron del destierro y se quedaron en la provincia están enfrentando una gran calamidad y humillación. La muralla de Jerusalén sigue derribada, con sus puertas consumidas por el fuego.»

Al escuchar esto, me senté a llorar; hice duelo por algunos días, ayuné y oré al Dios del cielo. Le dije:

«SEÑOR, Dios del cielo, grande y temible, que cumples el pacto y eres fiel con los que te aman y obedecen tus mandamientos, te suplico que me prestes atención, que fijes tus ojos en este siervo tuyo que día y noche ora en favor de tu pueblo Israel. Confieso que los israelitas, entre los cuales estamos incluidos mi familia y yo, hemos pecado contra ti. Te hemos ofendido y nos hemos corrompido mucho; hemos desobedecido los mandamientos, preceptos y decretos que tú mismo diste a tu siervo Moisés.

»Recuerda, te suplico, lo que le dijiste a tu siervo Moisés: "Si ustedes pecan, yo los dispersaré entre las naciones: pero si se vuelven a mí, y obedecen y ponen en práctica mis mandamientos, aunque hayan sido llevados al lugar más apartado del mundo los recogeré y los haré volver al lugar donde he decidido habitar."

»Ellos son tus siervos y tu pueblo al cual redimiste con gran despliegue de fuerza y poder. SEÑOR, te suplico que escuches nuestra oración, pues somos tus siervos y nos complacemos en honrar tu nombre. Y te pido que a este siervo tuyo le concedas tener éxito y ganarse el favor del rey.»

En aquel tiempo yo era copero del rey.

Un día, en el mes de nisán del año veinte del reinado de Artajerjes, al ofrecerle vino al rey, como él nunca antes me había visto triste, me preguntó:

—¿Por qué estás triste? No me parece que estés enfermo, así que debe haber algo que te está causando dolor.

Yo sentí mucho miedo y le respondí:

—¡Qué viva Su Majestad para siempre! ¿Cómo no he de estar triste, si la ciudad donde están los sepulcros de mis padres se halla en ruinas, con sus puertas consumidas por el fuego?

—¿Qué quieres que haga? —replicó el rey.

Encomendándome al Dios del cielo, le respondí:

—Si a Su Majestad le parece bien, y si este siervo suyo es digno de su favor, le ruego que me envíe a Judá para reedificar la ciudad donde están los sepulcros de mis padres.

—¿Cuánto durará tu viaje? ¿Cuándo regresarás? —me preguntó el rey, que tenía a la reina sentada a su lado.

En cuanto le propuse un plazo, el rey aceptó enviarme. Entonces añadí:

—Si a Su Majestad le parece bien, le ruego que envíe cartas a los gobernadores del oeste del río Éufrates para

> que me den vía libre y yo pueda llegar a Judá; y por favor ordene a su guardabosques Asaf que me dé madera para reparar las puertas de la ciudadela del templo, la muralla de la ciudad y la casa donde he de vivir.
>
> El rey accedió a mi petición, porque Dios estaba actuando a mi favor.
>
> (Nehemías 1:1-2:8)

Nos movemos ahora más cerca de la historia de Nehemías de cómo Dios lo guió a convertirse en el reedificador de Jerusalén. Este es un ejemplo clásico de cómo Dios dirige a sus siervos, hoy como ayer, a tareas de ministerio que tiene en mente para ellos. Observamos antes que algunos aspectos del orden de cosas en el Nuevo Testamento contrastan con sus antecedentes en el Antiguo Testamento, pero aquí sólo hay continuidad. La manera actual de Dios para hacernos conscientes de la función que quiere que desempeñemos en su reino es esencialmente la misma que vemos en la narración de Nehemías. Es apropiado, por tanto, introducir la historia estableciendo el marco cristiano en el que debemos encajarla al leerla hoy.

Un llamado doble

El Nuevo Testamento enseña que todo cristiano tiene un llamado doble. Primero, Dios nos llama a cada uno individualmente a creer y servir. El primer llamado, llamado así porque la invitación del evangelio de volverse del pecado y confiar en Cristo para vida eterna está en su centro, es en realidad una obra de poder por la cual Dios nos trae a la fe mediante la acción del Espíritu Santo en iluminarnos mediante el evangelio y moviéndonos a una respuesta. El capítulo X de la Confesión de Westminster, titulado "Del llamamiento eficaz", se enfoca en esta acción divina de manera bastante comprensiva:

> Todos aquellos a quienes Dios ha predestinado para vida… Él se complace… en llamar eficazmente, por su

> Palabra y por su Espíritu, fuera del estado del pecado y de la muerte, en el cual están por naturaleza, a la gracia y salvación por Jesucristo; iluminando sus mentes espiritualmente y salvíficamente para entender las cosas de Dios, quitando su corazón de piedra, y dándoles un corazón de carne, renovando sus voluntades y, por su poder maravilloso, determinarlos por lo que es bueno, y atraerlos eficazmente a Jesucristo; con todo eso, al venir libremente, haciendo estar dispuestos por su gracia.[1]

Cuando Pablo se dirigió a los cristianos de Roma como "a quienes Jesucristo ha llamado... a ser santos" (Rom. 1:6-7; cp. 8:28; 1 Cor. 1:2), se refería a esta obra de Dios, y regularmente utiliza el verbo "llamar" con Dios como sujeto para querer decir "traer a la fe" (vea Rom. 8:30; 1 Cor. 1:9, 26; 7:20, 24; Gál. 1:6, 15; Ef. 4:4; 1 Ts. 2:12; 2 Tim. 1:9; vea también Heb. 9:15; 1 P. 2:9; 2 P. 1:10). En su adoración personal a Dios, confesión de pecado, confianza en las promesas de Dios, obediencia a la Palabra de Dios, y búsqueda de la gloria de Dios, Nehemías modela para nosotros de la manera más sorprendente conocida como ser "llamado" por Dios en su primer sentido. Él es un hombre impresionantemente vivo para Dios; no hay la más mínima duda acerca de ello.

El segundo llamado es notificación a la tarea. Pablo habla de esto cuando se presenta a sí mismo ante los cristianos de Roma como "Pablo... llamado a ser apóstol" (vea Rom. 12:4-6; 1 Cor. 12:7-11; Ef. 4:7-16). Esta es una línea de enseñanza que se ha vuelto muy familiar, correctamente, en años recientes: todos los cristianos participan en el ministerio cristiano, en el sentido de ser llamados a buscar y cumplir el papel de servicio para el cual Dios los ha equipado. Los dones se dieron para ser utilizados, y una capacidad para ministrar en una manera particular constituye un llamado prima facie a ese ministerio particular. Así fue con Nehemías, como veremos.

¿Pero cómo encuentra uno su propio ministerio una vez que ha encontrado al Señor? ¿Cómo nos guía Dios a la función específica para la cual nos ha dotado? Hay cuatro factores que ordinariamente se conjugan en este proceso.

Primero, el factor *bíblico*. Este da dirección en sentido general, poniendo ante nosotros metas y directrices y una escala de valores para moldear nuestra vida. La Biblia nos dice en términos generales lo que es digno de hacerse y lo que no, la clase de acciones que Dios anima, y las que prohíbe, y qué cosas deben hacerse al servir a las necesidades de los santos y pecadores. De esta manera nos dice: es dentro de estos límites, en la búsqueda de metas, en obediencia a estas prioridades, que encontrarás tu ministerio. El factor bíblico es básico, en el sentido que Dios nunca a transgredir ningún límite bíblico, y si creemos que estamos siendo dirigidos de esa manera necesitamos que alguien con la Biblia en la mano nos diga que estamos engañados.

Luego, segundo, está el factor *neumático*. Por esto quiero decir los deseos dados por Dios por un corazón renovado, más cualquier codazo que el Espíritu Santo pueda dar o cualquier carga de preocupación que pueda imponer por encima de los deseos generales. Vemos todos estos elementos en la historia de Nehemías: el deseo dominante por la gloria de Dios en Jerusalén que lo guió a preguntar cómo estaban las cosas en la ciudad (1:2), la carga de un interés específico que lo condujo a llorar, ayunar y orar por su restauración (1:4-11), y "lo que mi Dios puso en mi corazón hacer a favor de Jerusalén" (2:12). En otras palabras, el codazo del Espíritu Santo.

Aquí alcanzamos una área donde es fácil engañarse y seguido se cometen errores, pero sería un error menospreciar la apertura al Espíritu Santo en ese sentido. Los cristianos varían, en esta como en cualquier época anterior, acerca de cuánto de estos codazos experimentan (y no puede darse razón segura para la variación, excepto la voluntad de Dios); pero sería perverso para los que saben más de ello tratar como no espirituales a los que confiesan saber menos de ello, o para los que saben menos tratar como engañados a quienes afirman saber más de ello. El ejemplo clásico del Espíritu impresionando fue en el segundo viaje misionero de Pablo, cuando los misioneros "Atravesaron la región de Frigia y Galacia, ya que el Espíritu Santo les había impedido que predicaran la palabra en la provincia de Misia, intentaron pasar a Bitinia, pero el Espíritu de Jesús no se lo permitió. Entonces... bajaron a Troas" el puerto de Grecia, el Espíritu los había mantenido viajando al Occidente en el camino de Troas (Hechos 16:6-8). Luego viene la visión de Pablo del varón macedonio pidiendo ayuda, y el plan de Dios se hace evidente: "En seguida nos preparamos para partir hacia Macedonia, convencidos de que Dios nos había llamado a anunciar el evangelio a los macedonios" (v. 10). Tal vez no seamos guiados con mucha frecuencia por esta clase de codazos interiores: creo que pocos de nosotros lo somos; pero desanimar a los cristianos a no estar abiertos a ello, como a veces se ha hecho, es radicalmente contristar al Espíritu.

En tercer lugar viene el factor *cuerpo*: es decir, la disciplina de someter esa dirección al ministerio al creer que hemos recibido para una sección específica de la comunión cristiana; es decir, el cuerpo de Cristo en su manifestación local. La razón de esto es que no debemos confiar en nuestro juicio de si encajamos o somos capaces para las funciones ministeriales que nos atraen. Como veremos, hay una amplia indicación en nuestra historia que Nehemías fue cuidadoso para consultar a otros cuando la idea de que podía ser el hombre para reedificar Jerusalén comenzaron a formarse en su mente.

En la universidad de teología donde enseñé en Inglaterra antes de ir a vivir a Canadá, me tocó entrevistar docenas de hombres que creyeron haber sido llamados a ser pastores. Una de mis tareas en las entrevistas era tratar de evaluar si su creencia iba de acuerdo con su temperamento, carácter moral, y dones que la función requiere. No era el único que llevaba a cabo esta evaluación; otros miembros de la facultad también los entrevistaban, y nos reuníamos para intercambiar opiniones después que salían. Además, la denominación a la que servíamos les exigía conseguir testimonio de su potencial para el ministerio de sus propios pastores y asistir a una conferencia de selección en la que un panel representativo de selectores los evaluaba como lo habíamos hecho. Todo esto era poner a trabajar el factor cuerpo en la toma de una decisión vocacional. Los juicios personales deben ser juzgados y verificados por otros. Cuando Dios llama, Él equipa; cuando falta el equipamiento, y el potencial para desempeñar la función simplemente no está allí, el llamado de Dios no es lo que el candidato tiene en mente, sino algo más. Y es dentro del cuerpo que el verdadero llamado de cada persona será discernido.

También puede funcionar de la otra manera. Tal vez las personas capacitadas para ser pastores, o algún otro ministerio, no se den cuenta de ello y necesita que se les diga puesto que Dios los ha enriquecido de manera tan obvia con un don particular o un conjunto de dones, deben abrirse a la certeza de que Dios tiene un ministerio para ellos que corresponde con sus dones y deben permitir que otros dentro del cuerpo –pastores, compañeros o alguien más- les sugiera cuál puede ser el ministerio. Esto, también, es auténtica vida del cuerpo en relación con el llamado de Dios a servir.

El cuarto factor es el de la *oportunidad*. Si el Dios de providencia está llamando a alguien a un ministerio particular, Él tomará control de la situación de esa persona para que pueda entrar a ese ministerio. Si las circunstancias hacen que eso sea imposible, la conclusión correcta es que aunque Dios tiene un ministerio para esta persona, no era lo que originalmente se pensó, por la forma en que la puerta de las circunstancias se ha cerrado. Como veremos, la confirmación final de que Dios quería a Nehemías en Jerusalén, organizando la reconstrucción, fue que en una manera bastante impredecible se le concedió la oportunidad de ir.

Un llamado claro

Veamos ahora directamente el llamado de Nehemías. Contra el trasfondo que se acaba de llenar, quiero señalar cinco asuntos importantes que se combinaron para guiar a Nehemías de su trabajo rutinario en el palacio a los peligros de ser el gobernador, el edificador, el motivador, el organizador de acontecimientos, y el líder espiritual de Jerusalén; un papel agotador que difícilmente habría podido sostener si no hubiera sido sostenido por una fuerte sensación de que Dios lo había enviado a cumplirlo y era sostenido por Él mientras él lo cumplía.

La consagración al servicio de Dios fue lo primero. Aquí, como solía decir el famoso Goons de Inglaterra, es donde la historia realmente comienza. Nehemías se identificó en oración como el "siervo" de Dios (1:6, 11), y un siervo fiel debe preguntar siempre, como hizo Pablo en Damasco: "¿Qué debo hacer Señor?" (Hch. 22:10). Nehemías era un hombre que conocía y amaba a su Señor y estaba entregado totalmente al servicio de Él. Esta era su consagración; y también, debe decirse, su arrepentimiento, porque los dos son uno. El arrepentimiento es un cambio de modo de pensar que se traduce en un cambio de manera de vivir. Puesto que el ateísmo práctico, que no toma en cuenta a Dios, es natural para los seres humanos caídos, la piedad debe encontrarse en el arrepentimiento desde el principio. Arrepentimiento significa una media vuelta y un rápido andar en la dirección opuesta a la que íbamos antes. La dirección original era el camino del servicio a sí mismo, en el sentido de tratarse a uno mismo como Dios, el valor supremo, y gratificarse a sí mismo de la misma manera. La nueva dirección es un asunto de decir adiós a todo eso y abrazar el servicio a Dios en su lugar.

Así que consagración es arrepentimiento renovado y sustentado, así como arrepentimiento es la consagración comenzada; y aquí yace el secreto de sensibilidad al llamado de Dios. Los familiares exhortos de Pablo en Romanos 12:1-2 a la consagración y transformación conducen al no tan familiar punto de que este es en verdad el camino para discernir la voluntad de Dios, la que de otro modo es posible pasar por alto. "Por lo tanto, hermanos, tomando en cuenta la misericordia de Dios, les ruego que cada uno de ustedes, en adoración espiritual, ofrezca su cuerpo como sacrificio vivo, santo y agradable a Dios. No se amolden al mundo actual, sino sean transformados mediante la renovación de su mente. *Así podrán comprobar cuál es la voluntad de Dios...*"

El hecho de que debemos enfrentar es que los cristianos impenitentes y no consagrados estarán fuera del alcance de la voz de Dios cuando Él les llame al servicio, del mismo que ahora están fuera de la línea, sin estar plenamente conscientes de ello, en relación con los imperativos de la vida cristiana diaria. La apatía y aletargamiento respecto a la obediencia ordinaria acarrea sordera cuando Dios llama al servicio especial. Pero Nehemías, un siervo de Dios consagrado y arrepentido, como lo muestra su oración en 1:5-11, fue sensible al acercamiento de Dios y estuvo listo para recibir dirección específica. Cuando las malas noticias lo abatieron y lo pusieron a orar, pronto comenzó a sospechar cuál era el llamado vocacional de Dios para él. Las almas fieles agarran las cosas al vuelo en estos asuntos. La historia de los logros de Nehemías comienza aquí.

La comunicación acerca de las necesidades de las personas, como se acaba de mencionar, fue el segundo asunto. Las malas noticias procedentes de Jerusalén: Los muros derrumbados, las puertas quemadas, la moral por los suelos (1:3). Nehemías había preguntado con ansia acerca del estado de cosas en Jerusalén (1:2), porque se preocupaba mucho acerca de la gloria de Dios y el bien de las almas que vivían allí; ahora tomó nota de que los judíos de Jerusalén realmente se encontraban en una situación desesperada. Creo que fue Oswald Chambers quien dijo que la necesidad no es el llamado pero es la ocasión para el llamado, y esa es una palabra sabia. Hay muchas más necesidades en la iglesia y el mundo de las que cualquiera de nosotros es capaz de atender, y a nadie se le exige que las alivie todas. De todas maneas, el llamado al servicio será un llamado para suplir algunas necesidades humanas, y el sentido de lo que podría hacer para servir a Dios sólo cristalizará en nuestros corazones a partir del conocimiento de esas necesidades. Así que debemos explorar las necesidades que nos rodean y recabar información sobre ellas y llevarlas en nuestro corazón si vamos a ser guiados al ministerio particular que Dios tiene en mente para nosotros. Cristianos alegres, absortos en sí mismos, que fallan en esto no son capaces de ser guiados. Pero la gran preocupación que Nehemías tenía por Jerusalén nos pone un ejemplo diferente.

Interés por la causa de Dios fue el tercer asunto. "Al escuchar esto", nos dice Nehemías: "me senté a llorar. Hice duelo por algunos días, ayuné y oré..." (1:4) ¿Por qué? No solo por las necesidades humanas en Jerusalén, sino también, y creo que primordialmente, porque Dios era deshonrado mientras Jerusalén permaneciera en ruinas. Porque Jerusalén era "la ciudad santa" (11:18), el centro de adoración en el que Dios había "decidido habitar" (1:9); es decir, el lugar señalado donde la realidad de su presencia sería experimentada en amor y misericordia por aquellos que lo buscaban. Moisés había predicho (Dt. 12:4-28) que habría un lugar como ese, y el propio Dios había proclamado efectivamente, en sus palabras a Salomón en la dedicación del templo de Jerusalén, que en realidad este era el lugar (2 Cr. 7:12-16). Los salmistas entendieron esto; esta es la razón por la que expresaban tanta emoción ante la posibilidad de ir al templo, y por qué uno de ellos dijo: "Vale más pasar un día en tus atrios que mil fuera de ellos" (84:10), y "anhelo con el alma los atrios del Señor; casi agonizo por estar en ellos; con el corazón, con todo el cuerpo, canto alegre al Dios de la vid" (vers. 2). Pero nada de esto podría ser realidad mientras Jerusalén permaneciera en ruinas y los servicios del templo inevitablemente fueron interrumpidos. Nehemías identifica con la búsqueda de la gloria y la alabanza a Dios, y es esto lo que impulsó su duelo, su ayuno (una señal de dolor, y de seriedad en la oración), y su oración. Aquí vemos lo que llamo los factores bíblicos y neumáticos en la dirección divina, es decir, la comprensión de Nehemías de la voluntad revelada de Dios respecto a Jerusalén, y su profundo deseo de promover la honra de Dios allí, si Dios le permite hacerlo.

La oración de Nehemías, con su invocación solemne de Dios en su majestad, su franca admisión de los pecados del pueblo, su apelación a la promesa del pacto acerca de la restauración para el penitente, es una plegaria apasionada a Dios como Redentor para tomar acción, es una de las grandes oraciones de la Biblia y podría ser estudiada en gran extensión. En este momento, sin embargo, simplemente quiero llamar la atención a lo que parece yacer detrás. El versículo 11 lee: "SEÑOR, te suplico que escuches nuestra oración, pues somos tus siervos y nos complacemos en honrar tu nombre. Y te pido que a este siervo tuyo le concedas tener éxito y ganarse el favor del rey" ¿Quiénes son estos "siervos" que se complacen en reverenciar el nombre del Señor? Deben ser amigos piadosos y socios con los que Nehemías había participado su preocupación y quienes ahora se habían unido a él en su vigilia y oración intensas mientras le promete a Dios actuar. ¿Y cuál es el "favor..." por los que ora? No sabemos si la idea de que Nehemías era la persona para el trabajo en Jerusalén se había fijado en su mente a causa de su deseo de poder hacer algo para exaltar a Dios allí, y que entonces probó el asunto y preguntó a sus amigos si pensaban si había algo en ello, o si sus amigos primero tuvieron la idea y lo presionaron como algo en lo que debían ponerse de acuerdo en oración. Lo que sabemos es que la petición de Nehemías de ser enviado a Jerusalén llegara a ser parte del paquete de oración que ellos expresaban juntos, y que Nehemías oraba personalmente, y que se ofrecía para la tarea de reedificar la ciudad si Dios abría la puerta para que él pudiera dejar Susa, la capital de Persia, para ese propósito. El interés compartido por la causa de Dios ha llevado a que el grupo de oración haga esto su petición específica, y ahora esperaban en Dios para ver lo que Él haría. Ese era el facto cuerpo, como lo hemos llamado, en la experiencia de Nehemías de la dirección vocacional de Dios.

La continuidad en la oración fue el cuarto punto, y fue entonces, y todavía es, uno muy importante. ¿Cuántos días tuvo que orar Nehemías: "te pido que a este siervo tuyo le concedas tener éxito y ganarse el favor del rey"? Nehemías nos dice por las fechas que registra. En 1:1 aprendemos que las malas noticias de Jerusalén llegaron en el mes de Kisleu. En 2:1 escuchamos que su oración fue contestada en el mes de Nisán. De Kisleu (noviembre-diciembre) a Nisán (marzo-abril) son alrededor de cien días, más de tres meses, entonces, Nehemías y sus amigos esperaron en Dios, pidiendo cada día que Dios actuara hoy; y nada pasó; nada, al menos, de lo que ellos esperaban ver: Pero algo sucedía, de todas maneras. Dios estaba probando su fe, y ellos estaban aprobando la prueba, parecería, con gran éxito.

Necesitamos darnos cuenta que lo que ellos preguntaban era, humanamente hablando, tan improbable como virtualmente imposible. Para que Nehemías, el copero del rey, fuera liberado de su trabajo y enviado a Jerusalén en una misión de reedificar Jerusalén sería una maravilla sin precedente. Aunque Nehemías era sin duda un hombre digno de confianza y alguien que agradaba al rey, en realidad no era más que un esclavo de la clase alta, un extranjero reclutado para el servicio del palacio, y alguien cuyos servicios se necesitaban cada día allí. La responsabilidad del copero era probar de antemano el vino que el rey bebería en el banquete nocturno, para ver si estaba o no envenenado. Si estaba, el copero mostraría señales de incomodidad antes de que comenzara el banquete y el rey, siendo así advertido, se abstendría y viviría. (Uno mira por qué los esclavos extranjeros serían reclutados para ser coperos del rey; en realidad era un trabajo de alto riesgo.) Así que el copero del rey era un hombre clave, y ese era exactamente el problema. Los esclavos no tenían días de asueto, y cada noche del año se requería su presencia en el palacio. No se veía posibilidad de ir alguna vez a Jerusalén.

Con todo, el grupo de oración estaba seguro que el de ellos era la petición correcta que hacer, y Nehemías, sin duda el líder del grupo de oración, explícitamente se apropió de ella. Detrás de esto, presumiblemente, había una fuerte conciencia de parte del grupo que Nehemías era la única persona en visto que parecía igualar a la tarea; detrás de ello, también, había un deseo sin duda dado por Dios en el corazón de Nehemías. Así que todos oraron con constancia en estos términos por tres meses. Escribió Isaías: "Ustedes los que invocan al SEÑOR, no se den descanso; ni tampoco lo dejen descansar, hasta que establezca a Jerusalén y la convierta en la alabanza de la tierra" (62:6ss.). Estos creyentes hacían exactamente eso.

La historia nos recuerda que aun cuando el pueblo de Dios hace la oración correcta acerca de los intereses que Dios ha puesto en sus corazones, todavía los puede hacer esperar, porque el tiempo que ha señalado para contestar la oración a menudo no es tan pronto como se espera. Así que la persistencia en la oración, que prueba nuestra seriedad de propósito mientras mantenemos nuestra petición delante del trono día tras día, llega a ser una lección vital que todo el pueblo de Dios en cada época necesita aprender.

Un llamado asombroso

El quinto punto en la historia es confirmación circunstancial. Los versículos iniciales del capítulo 2 dicen cómo la oración de Nehemías por "ganarse el favor del rey" fue finalmente contestada, y cómo el anterior copero del rey se encontró de viaje hacia el Occidente como el nuevo gobernador de la provincia del trans Eufrates con un mandato oficial para reedificar Jerusalén. Era lo que Nehemías había esperado y más. La historia es asombrosa, y debemos verla con cuidado.

Al principio enfrentamos un problema de interpretación, sobre el cual los comentaristas se dividen. El rey, nos dice Nehemías, detectó cierta incomodidad en el rostro de su copero, se sorprendió de ella (porque "no había estado antes triste en su presencia"), y la diagnosticó, correctamente, como quebranto de corazón (2:1-2), lo que era una invitación directa a Nehemías para que dijera qué lo angustiaba. ¿Había planeado Nehemías esto —deliberadamente adoptar un rostro triste para que el rey se percatara y le preguntara— esperando (y esto se ha sugerido) el día que la reina estuviera cenando con el rey (2:6) de manera que el rey estuviera de buen humor para la conversación que Nehemías esperaba comenzar? ¿O era la expresión de tristeza inconsciente e involuntaria, de manera que Nehemías no esperaba que el rey se dirigiera a él como lo hizo y tuviera que contestar en una forma relativamente sin premeditación? La declaración llana "no había estado antes triste en su presencia" no decide esta cuestión; tampoco la declaración que sigue: "Temí en gran manera" seguida de la pregunta del rey

(2:2); tampoco la "oración flecha" de Nehemías ("oré al Dios de los cielos") antes de responder a la pregunta del rey "¿qué cosa pides?" (2:4). Ya que la etiqueta del palacio requería que todos los sirvientes lucieran felices en la presencia del rey (un cumplido para el jefe, podría decirse, como si la presencia real siempre produjera alegría total), ya que una falla aquí se podría entender como traición, un insulto a la corona, y podría ser castigada con la muerte si el rey así lo decidía, podemos ver por qué Nehemías habría sentido miedo, aun si él hubiese provocado el diálogo de la manera que se ha sugerido. Y la sabiduría de orar antes de hablar, cuando lo que iba a decir era crucial para el resultado, cualquiera que este fuera, hubiera sido obvio para él de cualquier manera. Así que el hecho de que él oró ("Señor, esto es importante; ayúdame aquí y ahora para decir lo correcto") no tiene que significar que la pregunta lo tomó por sorpresa, aunque pudo significar eso. El problema sigue sin solución.

John White arguye que Nehemías "no requeriría el favor de Dios en la presencia del rey Artajerjes a menos que hubiese planeado algo riesgoso";[2] es decir, el rostro triste. Pero seguramente el punto de la petición de Nehemías fue que solo Artajerjes podía darle permiso para cambiar ser copero por la construcción, y es gratuito leer algo más que esto. Y la sugerencia que Nehemías, casi ciertamente un hombre barbudo, podría poner una cara triste parece dudoso. Dejar caer las orillas de su boca para parecer apesadumbrado pudiera pasar inadvertido si uno usa barba. Las observaciones de apertura fueron: "¿Por qué estás triste? No me parece que estés enfermo, así que debe haber algo que te está causando dolor." La aflicción del corazón se muestra en los ojos llenos de tristeza, rasgos demacrados, mejillas hundidas, y una apariencia ojerosa; ninguna de estas se puede producir voluntariamente, aunque todas ellas aparecerán de manera espontánea e inadvertida, en los rostros de personas preocupadas.

Me parece, por tanto, más natural suponer que la narración de Nehemías nos dice esto: que su oración de tres meses por favor en la presencia del rey estuvo acompañada de una total incertidumbre de cómo podría levantarse la cuestión de su ida a Jerusalén; que no tenía idea que expresaba su rostro, como un buen cortesano trataba de mantener feliz, realmente estaba hablando acerca del estado de su corazón; en lugar de estar esperando escuchar el diagnóstico del rey de la tristeza del corazón y preguntarle qué lo atribulaba, y seguramente no manejaba la situación al adoptar una apariencia triste con el propósito de ser observado y que se le preguntara al respecto; y que en retrospectiva el episodio entero le parecía una respuesta fantástica a la oración: él había pedido lo que parecía imposible, y que había sucedido. No se había atrevido a mencionar el asunto que estaba en su corazón, pero el rey lo trajo a colación y había tenido un desenlace que nadie podía haber imaginado, promover a Nehemías de ser copero del rey por lo que deseaba, y darle un salvoconducto y órdenes para los materiales que necesitaría, y en realidad nombrarlo gobernador de provincia, y darle de este modo una posición oficial invulnerable (esto se explica en 5:14, e implícita en la solicitud de Nehemías de madera "para... la casa donde he de vivir"; es decir, la casa del gobernador, 2:8).

La confirmación circunstancial de su llamado a servir fue así tan completa como podía ser; el factor oportunidad estaba ahora completamente en línea con los factores bíblico, neumático, y corporal, según se aplican al caso de Nehemías. Con razón Nehemías celebra ahora "la bondadosa mano de Dios..." (2:8, 18). Ahora sabía, más allá de toda sombra de duda, que Dios lo enviaba a Jerusalén, y que Dios estaría con él en las dificultades, incertidumbres y difíciles jornadas en las que la tarea de reconstrucción lo envolvería.

Este desarrollo fue verdaderamente asombroso, porque implicó un revés directo de la política anterior del propio Artajerjes. Esdras 4:7-23 dice cómo algunos años antes los líderes de ciudades estado en el área de Jerusalén habían solicitado detener la reconstrucción de los muros de Jerusalén y tuvo que hacer lo que se le pidió. Pero "en las manos del SEÑOR el corazón del rey es como un río: sigue el curso que el SEÑOR le ha trazado"

(Prov. 21:1). Sin pensarlo Artajerjes decidió convertir a Nehemías en el gobernador del Eufrates y darle autoridad para reedificar, y de ese modo el curso de Nehemías fue establecido para los años siguientes. ¡La oración cambia las cosas!

Un llamado obligatorio

Lo obligatorio del llamado de Dios a cualquier forma de ministerio es grande. De su vocación apostólica Pablo escribió: "Sin embargo, cuando predico el evangelio, no tengo de qué enorgullecerme, ya que estoy bajo la obligación de hacerlo. ¡Ay de mí si no predico el evangelio!" (1 Cor. 9:16). El propio Nehemías se sintió igualmente bajo compulsión, ahora que el llamado de Dios para él era claro, y tomó la tarea de restaurar Jerusalén con entusiasmo sincero, de todo corazón. Como veremos, enfocó sus metas, planeó completamente para su realización, trabajó duro por largas horas, trató paciente y sabiamente con cada problema que surgió, resistió distracciones, y se negó a ser desalentado en cada etapa. Tomó su llamado en serio y lo cumplió de manera gloriosa, y en esto es un modelo para todo el que sirve en la iglesia de Dios. Haremos bien en enfrentar las preguntas que este ejemplo levanta.

¿Realmente empezamos donde él empezó, con la misma pasión por la gloria de Dios y la misma carga de preocupación y angustia cuando contemplamos el estado caído de la iglesia de Dios?

> ¡Cuán poco los hombres fuertes en estos días pueden llorar en los tiempos de maldad y abominaciones! ¡Cuán raros son aquellos que, al ver las desolaciones de Sion, tienen suficiente interés y preocupación por el bienestar de la iglesia que llora! Lamentar y llorar sobre el decaimiento de la religión, la declinación del poder de avivamiento, y las temidas incursiones de la mundanalidad en la iglesia son casi una cantidad desconocida... Nehemías lloró y lamentó en Sion.[3]

Estas palabras de E. M. Bounds, escritas hace casi un siglo, se aplican más directamente hoy que en el propio tiempo de Bounds. ¿Estamos dispuestos a aprender a orar por las comunidades que luchan del pueblo de Dios como Nehemías oró por los judíos, y aceptar con Nehemías cualquier cambio de circunstancias y algún riesgo que pueda estar implicado al rendir el servicio necesitado?

¿Estamos procediendo como él procedió, poniendo a Dios primero, otros segundo, y nosotros mismos al último mientras buscamos cumplir nuestro llamado a ministrar? ¿Actuaremos de manera desinteresada, sin buscar la ventaja fácil o personal pero simplemente hacer nuestro negocio amar y servir a nuestro Señor al amar y servir a nuestros vecinos, dejando al Señor cuidar de nosotros al concentrarnos en la tarea que nos ha dado?

Y cuando Dios se complace en nosotros para utilizarnos como medio para el bien de su pueblo, ¿debemos como Nehemías darle la gloria y la alabanza por lo que ha sucedido y no tomar el crédito para nosotros? ¿Reconoceremos con humildad la buena mano de Dios sobre nosotros, y su bondad al usarnos, más bien que presuntuosamente suponer que el resultado se debe a nuestras propias habilidades y talentos y sabiduría y dones y experiencia?

Antes de seguir adelante, vamos a examinarnos a nosotros mismos. Lo necesitamos.

3

Dirección de personal I: Comenzar la tarea

Aquí está el segmento de la historia de Nehemías. Una vez que tenía claro su llamado, él se dedicó al negocio. Él no era un hombre que dejaba que el césped creciera debajo de sus pies.

> Cuando me presenté ante los gobernadores del oeste del río Éufrates, les entregué las cartas del rey. Además el rey había ordenado que me escoltaran su caballería y sus capitanes. Pero al oír que alguien había llegado a ayudar a los israelitas, Sambalat el horonita y Tobías el siervo amonita se disgustaron mucho. Tres días después de haber llegado a Jerusalén, salí de noche acompañado de algunos hombres, pero a ninguno de ellos le conté lo que mi Dios me había motivado hacer por Jerusalén. La única bestia que llevábamos era la que yo montaba. Esa noche salí por la puerta del Valle hacia la fuente del Dragón y la puerta del Basurero. Inspeccioné las ruinas de la muralla de Jerusalén, y sus puertas consumidas por el fuego. Después me dirigí hacia la puerta de la Fuente y el estanque del Rey, pero no hallé por dónde pasar con mi cabalgadura. Así que, siendo aún de noche, subí por el arroyo mientras inspeccionaba la muralla. Finalmente regresé y entré por la puerta del Valle.

> Los gobernadores no supieron a dónde fui ni qué hice, porque hasta entonces no había dicho nada a ningún judío: ni a los sacerdotes, ni a los nobles, ni a los gobernadores ni a los que estaban trabajando en la obra. Por eso les dije:
>
> —Ustedes son testigos de nuestra desgracia. Jerusalén está en ruinas, y sus puertas han sido consumidas por el fuego. ¡Vamos, anímense! ¡Reconstruyamos la muralla de Jerusalén para que ya nadie se burle de nosotros!
>
> Entonces les conté cómo la bondadosa mano de Dios había estado conmigo y les relaté lo que el rey me había dicho. Al oír esto, exclamaron:
>
> —¡Manos a la obra!
>
> Y unieron la acción a la palabra.
>
> Cuando lo supieron, Sambalat el horonita, Tobías el oficial amonita y Guesén el árabe se burlaron de nosotros y nos preguntaron de manera despectiva:
>
> —Pero, ¿qué están haciendo? ¿Acaso pretenden rebelarse contra el rey?
>
> Yo les contesté:
>
> —El Dios del cielo nos concederá salir adelante. Nosotros, sus siervos, vamos a comenzar la reconstrucción. Ustedes no tienen arte ni parte en este asunto, ni raigambre en Jerusalén.
>
> (Nehemías 2:9-20)

Como hemos visto, la tarea consistía en reedificar los muros de Jerusalén, de manera que pudiera reestablecerse la vida en la ciudad. Hasta que los muros fueran levantados, nada más podía hacerse. Con sus muros derribados, Jerusalén no tenía defensa en contra de los invasores y no era un lugar apropiado para vivir. Por eso muchos de los ciudadanos se habían salido (7:4), y ahora no podía mantenerse la adoración en el templo y la moral estaba por los suelos.

Observemos que en esto, Jerusalén es un cuadro de las iglesias cristianas en general en el occidente moderno. Debilidad, desengaño, y disgregación de partidarios es la historia en todas partes. En Asia, África y América Latina el evangelio avanza y la iglesia crece, pero en el mundo protestante de Inglaterra, Europa, Norteamérica, y Australasia la secularización de la vida comunitaria y el titubeo de teólogos, líderes de la iglesia, y el clérigo común ha dejado a la mayoría de las congregaciones en un estado muy bajo. El abandono de la fe histórica en un Creador santo que bondadosamente salva a los pecadores mediante la expiación y el nuevo nacimiento es todavía común, como lo ha sido en el siglo pasado, y dondequiera que la fidelidad a la fe bíblica cesa, el vigor espiritual rápidamente se seca. Por sobre todo, la iglesia occidental se ha marchitado y contraído; ha dejado de contar como fuerza comunitaria; la fe de la cual Dios la ha hecho depositaria es desconocida largamente para el hombre de la calle, y cuando llega a ser conocida es ignorada; y la piedad que la iglesia una vez estableció como verdadera humanidad es catalogada en la cultura popular como una cómica rareza anticuaria. La iglesia aparece como una ciudad en ruinas, como Sarajevo o Beirut después de combatir, y como Jerusalén según la encontró Nehemías, y un enorme trabajo de reconstrucción esperaba a cualquiera que todavía se preocupara de su bienestar. En tal reedificación, la reconstrucción de la fe bíblica será la primera tarea básica.

La vocación de Nehemías era tomar el liderazgo en la reedificación literal de Jerusalén, y su libro ahora se mueve de la historia de su llamado a decirnos cómo lo hizo. Como una historia de aventura, es emocionante leerla, porque Nehemías es un narrador de primer nivel; pero por encima de eso, el libro es Escritura Sagrada, y la Sagrada Escritura es inspirada, e inspiración significa dada por Dios, y dada por Dios significa que deberíamos escuchar y leer el libro como la misma palabra de Dios enseñando, predicando, narrando la historia, testificando y a través de las palabras del testimonio de Nehemías testificando de él. Dios es el autor principal de todas las Escrituras, las narraciones históricas no menos que los sermones proféticos o las cartas apostólicas o las cavilaciones de Eclesiastés ante el trono o los poemas de alabanza y petición de David dirigidos directamente al que ocupaba el trono. Los libros de Nehemías y Esdras, la lectura posterior, como hemos observado, como una introducción al anterior, cubren el período desde el regreso del exilio al reestablecimiento de Jerusalén como una preocupación vigente, y encontraremos en la narración de Nehemías específicamente mucho que lleva la tarea de edificar la iglesia de Dios hoy en día. El Dios que mandaba sobre la escritura del diario y las memorias guardadas de Nehemías lo planeó así, y al aprender de Nehemías aprendemos de nuestro Hacedor en persona.

En su papel de pionero en la reconstrucción de Jerusalén, Nehemías ilustra muchas de las realidades del liderazgo espiritual en la iglesia cristiana. Vemos en él el celo por Dios y el amor por el pueblo, además de la disposición de desafiar a sus desafiantes y oponerse a la oposición personal, que cada líder necesita. Vemos en él también la verdadera esencia del liderazgo, como una capacidad que otros deben lograr; la verdadera soledad del liderazgo, mientras el líder mantiene la visión de la meta de la cual sus seguidores pierden la vista; y el celo consumidor por Dios que el líder siempre debe mostrar como un modelo para los que dirige. Todos los grandes líderes del pueblo de Dios en la historia bíblica (piense, por ejemplo, en Moisés, David, y Pablo) despliegan estas cualidades en algún grado, y el propio Jesús, como líder de los doce y de un grupo más grande de discípulos verdaderos aunque menos íntimos, desplegó ante ellos todo al grado más elevado. Y entonces, en Nehemías como en estos otros, se puede ver un requisito adicional, es decir, disposición para trabajar extremadamente fuerte bajo presión, con una preocupación concurrente a mover a otros a hacer lo mismo. Exploremos esto un poco más.

Trabajo

El sustantivo "trabajo" ocurre vez tras vez, como toque de tambor, en la historia de Nehemías de la construcción de los muros.

"No había dicho nada a ningún judío... ni a los que estaban trabajando en la *obra*" (2:16). "Todos regresamos a la muralla, cada uno a su *trabajo*" (4:15). "La mirad de mi gente *trabajaba...*" (4:16). "Mientras trabajábamos en la *obra...*" (4:1). "Tanto yo como mis criados *trabajamos* en la reconstrucción" (5:16). "Reconocieron que ese *trabajo* se había hecho con la ayuda de nuestro Dios" (6:16)

Por supuesto, estas son referencias a la labor específica de erigir los muros de Jerusalén, y podríamos, si quisiéramos, dejar el asunto allí. Pero es instructivo probar un poco más a fondo. ¿Qué es "trabajo"? ¿Cómo lo considera la Biblia? ¿Qué verdades generales subyacen debajo de estos textos en particular? Y, ¿qué podemos aprender de esta narración acerca del trabajo como parte de nuestra vida?

Primero, seamos claros que cuando la Biblia habla acerca del trabajo tiene en vista mucho más que lo que hacemos por dinero o ganancia, lo que llamamos trabajo o empleo. En la Biblia, trabajo significa cualquier esfuerzo ejercido que tiene como objetivo producir un nuevo estado de cosas. Tales esfuerzos implican nuestra creatividad, la que es parte de la imagen de Dios en nosotros, y que necesita ser utilizada y expresada en acción si nuestra naturaleza va a ser satisfecha apropiadamente. Así que, por ejemplo, asear la casa, barrer la nieve, obedecer órdenes, practicar para una actuación, zurcir calcetines, y contestar cartas son todos esfuerzos concentrados e intencionales que se consideran trabajo, aunque ninguno de ellos necesariamente envuelve un contrato laboral. A la inversa, cantar debajo de la ducha para expresar su sentido de euforia en la sensación del agua caliente no es trabajo, no importa cuanta energía pone en ello y cuanto ruido hace. Si, sin embargo, el que gorjea aprendiera una parte para cantar en un coro, ese sería trabajo, debido a su objetivo. El trabajo en el sentido bíblico es siempre orientado por el objetivo; es la acción con un final a la vista.

Segundo, déjenme aclarar que la Biblia concibe la vida como un ritmo de trabajo y descanso (generalmente, trabajo durante el día y sueño en la noche; el trabajo durante seis días y descanso en el séptimo) y no se distingue entre el trabajo espiritual y secular como si estos pertenecieran a dos compartimentos separados. La Biblia enseña, más bien, que deberíamos planear y vivir nuestra vida como una unidad en la cual nada es secular y todo es en un verdadero sentido sagrado, porque todo se hace para la gloria de Dios; es decir, para mostrar apreciación por lo que él ha hecho, complacerlo mediante la obediencia amorosa a sus órdenes, y avanzar su honor y alabanza entre sus criaturas, comenzando con el homenaje y adoración que le damos nosotros mismos. "Ya sea que coman o beban o hagan cualquier otra cosa, háganlo todo para la gloria de Dios" (1 Cor. 10:31). Nada debe ser visto como menos sagrado; no debe haber ninguna categorización de nuestra obra diaria; el trabajo debe ser una realidad de unificación que mantiene toda nuestra vida unida.

La tercera cosa sobre la que debemos estar claros consiste en que Dios nos hizo para el trabajo. La naturaleza humana sólo encuentra realización y alegría cuando en este amplio sentido de la palabra tenemos trabajo para hacer. Esto aparece de la historia de la creación, que nos dice que Dios pone a Adán "en el Jardín del Edén para que lo cultivara y lo cuidara" (Gn. 2:15). El trabajo le habría dado gran placer y ningún dolor; las espinas y los cardos que interrumpen la cultivación, y sudor y lágrimas debido a campos estériles y cosechas fracasadas, sólo entraron por la maldición que siguió a la caída (3:17-19). El trabajo habría requerido pensamiento constante y esfuerzo, como cada jardinero sabe muy bien; aún esto habría sido la sociedad feliz con Dios en todo, ordenando la vida natural y formando el crecimiento espontáneo que Dios da a árboles y plantas, y Adán se habría percibido como la realización de su llamado humano para ser, en las palabras de J. R. R. Tolkien: "un subcreador" bajo Dios. Los jardineros todavía tienen momentos de gran satisfacción en lo que crece bajo su mano, y el trabajo de todo el mundo en todas partes habría sentido realización de esta manera todo el tiempo si no hubiese habido ninguna caída.

Dios, parece, ha ordenado que el trabajo sea nuestro destino, tanto aquí como a continuación. (¿A continuación? Sí; en la ciudad celestial "sus siervos lo adorarán" y "reinan por los siglos de los siglos" [Ap. 22:3, 5], todo lo cual significa trabajo activo.) ¿Cuál fue su razón de planear nuestras vidas de este modo? Pienso que vemos la respuesta cuando notamos lo que pasa cuando trabajamos. Entonces descubrimos nuestro potencial como artesanos, aprendiendo a hacer cosas y desarrollando habilidades, que es fascinante. También descubrimos el potencial del mundo de Dios como la materia prima que vamos a usar, manejar, y darle forma, que es fascinante también. Se llama a veces a la orden de Dios a Adán y Eva de llenar y someter la tierra (Gn. 1:28) "el mandato cultural," porque cada intento de realizarlo inmediatamente produce cultura; es decir, un modelo de la vida de comunidad basada, como todas las culturas son, en el trabajo con un objetivo. El trabajo como un modo de vivir que nosotros aprobamos, abrazamos, y perseguimos para la gloria de Dios genera dentro de nosotros un espíritu de alabanza a él, tanto por las maravillas de la Creación fuera de nosotros como por la creatividad que nuestro trabajo dibuja de nosotros. Además, el trabajo trae alegría en la experiencia de hacer y dirigir; el trabajo cría la sabiduría y la madurez en el modo que controlamos cosas, incluso nuestras relaciones con otra gente (en lo cual también nos proponemos ser creativos); el trabajo conduce a un aumento de afecto y disposición hacia otros cuando enjaezamos nuestras habilidades para servirlos; y el trabajo desarrolla el ingenio y la ingeniosidad en el encuentro de modos de aprovechar los poderes y procesos que nos rodean.

Si Dios no nos hubiese requerido, hecho como somos, para trabajar en su mundo, la experiencia de realización que estas cosas engendran no sería nuestra; y si, hecho como somos, deberíamos hacernos tímidos para trabajar y darnos a la persecución de ocio y diversión en cambio, deberíamos condenarnos a la insatisfacción profunda de la vida. Ninguna forma de trabajo puede garantizar que la virtud, el amor, y la alegría serán nuestros, pero no tenemos que esperar que la virtud, el amor, y la alegría nos delimiten alguna vez si nuestras vidas no tienen en ellos ninguna forma de trabajo. Nehemías, Moisés, David, Pablo, y Jesús nos llaman con señas a un camino diferente, un camino de esfuerzo resuelto, como en efecto hace todo el Nuevo Testamento, con su insistencia que los cristianos deben practicar constantemente "buenas obras" (Mt. 5:16; 2 Cor. 9:8; Ef. 2:10; 1 Tim. 6:18; 2 Tim. 3:17; Ti. 2:7, 14; 3:1, 8, 14; Heb. 10:24; etc.).

Pensamos aquí en el trabajo, como hemos dicho, en un sentido mucho más amplio y más básico que el empleo pagado, pero sería un error no notar cuando procedemos que un gran mal social en el Occidente moderno es la carencia de empleo pagado para algo como el 10 por ciento de la fuerza de trabajo; en otras palabras, el desempleo actual de muchos millones en cualquier tiempo. La inhabilidad de encontrar trabajo pagado desmoraliza y deprime, así como económicamente y espiritualmente empobrece. El desempleado necesita toda la compasión y ayuda que los cristianos pueden dar, tanto para retener su amor propio como también para continuar a usar su creatividad natural de modos informales, que su frustración interior los tienta no hacer.

En Nehemías 2:18 la reconstrucción del muro de Jerusalén es clasificada como "la buena obra" (LBA) ¿Qué hace el "trabajo" -un trabajo específico, o una actividad particular- "bueno"; bueno, es decir, en la valoración de Dios? La respuesta es, dos cosas que coinciden: Primero, su carácter intrínseco; segundo, la motivación del agente. La acción misma debe ser bíblicamente correcta; es decir debe ser algo que Dios ha mostrado que él quiere hecho. También, el motivo de la persona que lo realiza debe ser correcto; a saber, amor a Dios y al hombre, y un objetivo de avanzar la gloria de Dios. La manera que Nehemías aborda la tarea de reconstrucción es un ejemplo de manual: el trabajo pedía a gritos ser hecho, y el objetivo de Nehemías era glorificar a Dios y servir a la gente al hacerlo.

En todo lo que abordamos, deberíamos conscientemente hacer todo lo mejor posible, porque sólo así podemos glorificar a Dios. John White tiene algunas palabras reveladoras sobre esto.

> ... tal vez usted está solamente aburrido. Su aburrimiento puede provenir de la incredulidad o algo parecido a la incredulidad; falta de visión. Usted no tiene un objetivo claramente definido delante de usted. Usted va a la deriva. Ore por su trabajo. Pida al Espíritu Santo que le de un objetivo definido durante los próximos tres meses. Entonces empuje hacia ese objetivo.
>
> O quizás no le gusta el trabajo que ha sido llamado a hacer. Usted se siente incapaz para ello. Usted podría trabajar como un esclavo en algo más, pero su propio trabajo es demasiado poco atractivo. Recuerde el versículo: "Todo lo que te venga a la mano, hazlo con todo empeño" (Ecl. 9). Usted se sorprenderá lo agradable que una tarea se hace cuando la domina. Haga su objetivo el hacer su trabajo diario estupendamente, y convertirá el trabajo duro en un oficio y un oficio en un arte. Nada es tan aburrido como el trabajo descuidado.[1]

Nehemías, como veremos, modela este acercamiento concentrado, intencional, de altas metas acerca del trabajo de un modo muy asombroso.

El trabajo que glorifica a Dios, entonces, es el trabajo difícil. Pero, ¿no fácil -terriblemente fácil- trabajar demasiado con fuerza y hacerse un adicto al trabajo o causar agotamiento o una trombosis coronaria o alguna otra consecuencia glacial de hacer demasiado? Una vez más cito al médico y psiquiatra John White, que en el título "el Coco de trabajar demasiado" escribe como sigue:

> El trabajo no produce depresiones, a pesar de lo que alguien puede haberle dicho al contrario. Trabaje tan duro como quiera y tanto como desee. Si su salud es normal, no le causará daño...

> ¿Por qué? Porque es la tensión la que mata, no el trabajo. Es ser atrapado en la carrera cristiana lo que daña. Es la lucha desesperada para mantenerse a tono con los amigos cristianos o con el público cristiano, para aparecer sonrientemente espiritual y "producir" espiritualidad cuando usted sabe todo el tiempo que su vida interior no iguala su imagen exterior.

El pastor White habla entonces directamente acerca de la adicción al trabajo:

> A veces trabajamos demasiado no porque el trabajo sea indispensable, sino porque estamos controlados por el temor; en vez de ser sostenidos por la fe. Los adictos al trabajo son controlados. El trabajo para ellos no es una expresión de fe sino una búsqueda de paz... los adictos al trabajo tratan de mantener su conciencia limpia trabajando. En consecuencia trabajan mucho y se vuelven esclavos de su propia neurosis. Los adictos al trabajo no pueden descansar con facilidad; comienzan a mirarse angustiados cuando se relajan...
>
> Las Escrituras no recomiendan esta clase de impulso. "En vano madrugan ustedes, y se acuestan muy tarde, para comer un pan de fatigas, porque Dios concede el sueño a sus amados" (Sal. 127:2). Nehemías... era profundamente consciente que el trabajo es inútil si no es con el Señor. Nehemías trabajó duro cuando el trabajo duro era necesario *porque él sabía que la mano de Dios era con él (2:8, 18)*, no porque sufriera de una neurótica necesidad de lograrlo.[2]

Trabajo y oración

Nehemías era un trabajador concienzudo que, como veremos, motivó a otros por sus palabras y los inspiró por su ejemplo a trabajar mucho con él. Él era también, como hemos notado ya, un hombre de mucha oración. Él nos cuenta su historia en una manera que destaca tanto su habilidad como un movilizador y su pasión como un solicitante, y él lo hace con el mismo estilo impresionante, enfocado en Dios, normal que marca las *Confesiones* de Agustín y *Abundancia de Gracia* de Bunyan y los *Diarios* de Whitefield y Wesley y las autobiografías de George Muller y C. H. Spurgeon. Como ellos, Nehemías es capaz de escribir acerca de él en un modo que no llama la atención sobre él, porque él fija la atención del lector en donde él ha fijado ya la suya; a saber, en Dios, el Dios que responde la oración hace maravillas, el Dios que el escritor adora. Es natural, sin embargo, que conforme leemos la historia de Nehemías deberíamos preguntarnos como se relacionan la oración a Dios y trabajar para él. Parte de la respuesta, percibo, es que nuestra oración determina la calidad de nuestro funcionamiento, tal como nuestro funcionamiento refleja la calidad de nuestra oración. La narrativa de Nehemías parece ilustrar esto muy claramente.

William Temple dijo en algún sitio que mientras pensamos que nuestro verdadero trabajo es nuestra actividad, a la cual la oración es un adjunto, nuestra oración es nuestro verdadero trabajo, y nuestra actividad es el índice de como lo hemos hecho. Seguramente Temple tiene razón. Porque la verdadera oración -oración, es decir, que se centra en la santificación del nombre de Dios y en hacer su voluntad- tiene, entre sus otros efectos, un efecto reflejo. Purifica el corazón; purga nuestras actitudes y motivos; funde todo lo egocéntrico, la autosuficiencia, y la independencia que como criaturas caídas traemos, y nos programa para trabajar humildemente, en una manera que honra a Dios, muestra temor y dependencia de él. Tenemos que recordar que a la vista de Dios la motivación es un elemento integral en la acción: el Señor mira no solamente sobre el comportamiento externo sino también sobre el corazón, y cualquier motivación que exalta el ego hará que nuestro trabajo resulte putrefacto en el mismo centro desde su punto de vista. (¡Recuerde a los fariseos, y las palabras de Jesús sobre ellos!) A causa de los hábitos ensimismados de nuestro corazón pecador, el único camino a algo como motivos puros es orar continuamente sobre las cosas que hacemos y preguntarnos constantemente delante del Señor por qué los hacemos y como encajan con la gloria de Dios y el bien de su pueblo. Este es el camino a corazones más puros de lo que podríamos esperar tener de otra manera.Veo a Nehemías como un ejemplo de esto, porque parece como si él siguiera el procedimiento anterior todo el tiempo.

La regla de acción de Nehemías parece haber sido: primero ore, luego actúe, luego ore otra vez. Note una vez más el modo que la oración puntúa su narrativa de la construcción del muro. La oración por el bienestar de Jerusalén era el semillero del cual la empresa entera creció (1:5-11). La oración por ayuda cuando el rey requirió que dijera cual era su problema lo llevó a ser enviado a Jerusalén (2:4-6). La oración fue su recurso otra vez cuando Sambalat y Tobías ridiculizaron las primeras etapas de la reconstrucción ("¡Escucha, Dios nuestro, cómo se burlan de nosotros!... porque insultan a los que reconstruyen," 4:4-5). Cuando él y sus colegas supieron del complot de atacar la ciudad y derribar el muro una vez más: "oramos a nuestro Dios" (4:9) antes de tomar medidas de defensa. ¡Primero lo primero! Orar antes de hacer un movimiento es seguramente el orden correcto. Entonces en 6:9 leemos: "Lo que pretendían era asustarnos... pero oré, 'Ahora, pues, oh Dios, fortalece tú mis manos.'" Habiendo orado así, y habiendo visto la oración contestada en cada etapa, Nehemías tuvo bien correcto a decir del muro completado: "por nuestro Dios había sido hecha esta obra" (6:16). En efecto así era.

¿Y cuál era el efecto reflejo de las oraciones de Nehemías, que, como él quiere que nosotros veamos, Dios tan notablemente contestó? Parece como si, al centrar su corazón en la gloria de Dios, apagar sus miedos y levantarse por encima de confusiones alarmistas, distanciarse de su ira, que le permitiera mantener la factibilidad agradable que era su don especial, y manteniéndolo dispuesto y anhelante en el servicio de su rey divino, la oración de Nehemías lo calificó y lo equipó para el liderazgo de un modo muy directo. Sin duda alguna este efecto reflejo de la oración sobre el carácter y potencial personal no es un proceso automático, pero es trabajado en la soberanía por el Espíritu Santo; sin embargo, debemos ver sólo probablemente alguna vez tal aumento de poderes naturales cuando el pueblo ora. La oración es el medio ordinario por lo cual el don de sabiduría en todos sus aspectos (que es de lo que hablamos realmente aquí) es dado. Como Santiago dice: "Si a alguno de ustedes les falta sabiduría, pídasela a Dios... y él se la dará" (1:5).

Abraham Lincoln dijo en una ocasión: "He sido conducido muchas veces a mis rodillas por la convicción aplastante de que no tenía más a dónde ir. Mi propia sabiduría y la de aquellos sobre mí pareció insuficiente..."[3] Mucho antes de Lincoln, este era el camino que Nehemías pisó, y el secreto de la calidad de su liderazgo en el reestablecimiento de Jerusalén se pone aquí. Bien observa James Boice: "Charles Swindoll tiene razón, pienso, cuándo él se refiere a Nehemías como '¡un líder de las rodillas!'"[4]

Liderazgo y Sociedad

El trabajo particular al cual Dios había llamado a Nehemías era conseguir que los muros arruinados de Jerusalén fueran reconstruidos. Este era un trabajo enorme. El recorrido de los muros era más de mil seiscientos metros, y el nuevo muro tenía que ser un metro a metro y medio de espesor, más quizás en el nivel de tierra, y cuatro a seis metros de alto. La reconstrucción sería una operación masiva, sólo posible de ser abordada como una empresa cooperativa de escala magnífica. Nehemías hizo que pasara; unos días después de su llegada a Jerusalén, por lo visto, él había puesto todo en movimiento, y el muro fue completado en poco más de siete semanas. Era un logro asombroso.

¿Cómo, preguntamos, lo hizo Nehemías? No hay ningún secreto aquí; las memorias de Nehemías cuentan la historia entera, y lo que revelan es que, además de fe y oración, sabiduría parecida a un líder, dada por Dios, marcó su acción en cada etapa.

Expresamente, él aplicó dos principios que todo líder pastoral hoy y mañana debe aprender a aplicar si las iglesias o los grupos cristianos encomendados a su cuidado deben ser realmente edificados. El *primer principio era el de la asociación*, por lo cual Nehemías primero motivó a los habitantes de Jerusalén para romper su apatía y desesperación y comprometerse para trabajar con él incondicionalmente en el proyecto, y luego creó un sistema en el cual todos los trabajadores eran capaces de sentirse personalmente importantes para el proyecto conforme avanzaba.

El *segundo principio era la planificación*, por lo cual por altibajos horrendos Nehemías fue capaz de sostener su confianza en el éxito último al ser visto que tenía todo en control. Movilización, organización, supervisión, y ánimo, Nehemías impulsó a los vagos de Jerusalén en esfuerzos bien planeados que inmediatamente comenzaron a transformar la escena entera y no se cesó antes de que la tarea entera fuera llevada a cabo.

Estos dos principios juntos personifican la sabiduría mundana de los grandes líderes de toda la historia, hombres como Alejandro el Grande, Oliver Cromwell, Napoleón Bonaparte, y Winston Churchill, y ellos personifican igualmente la sabiduría espiritual de hombres como Nehemías, que humanamente pertenece a la misma clase que estos cuatro, pero cuyo papel especial era encontrar seguidores que él conduciría del coma espiritual hacia la grandeza en el reino de Dios.

El coma- Pienso que podemos decir con confianza que esta es una palabra apropiada para la carencia total de visión y vitalidad, y la apatía total en lo que respecta al servicio de Dios, que Nehemías afrontó cuando llegó a Jerusalén. La situación grave de refugiados de hoy, gente sin seguridad ni futuro, víctimas de las luchas de otros por el poder, con todo en sus vidas que ahora combinados para asegurarles que no tienen valor, es el paralelo más cercano que podemos dibujar. El espíritu de aquellos que se quedaron, improvisando una existencia para ellos entre las ruinas de Jerusalén, estaba completamente roto, y la esperanza estaba muerta; la rutina embotada de tratar de conseguir la siguiente comida era todo lo que les quedaba. No es sorprendente, entonces, que durante los pocos primeros días que Nehemías no dijo a nadie "lo que mi Dios había puesto en mi corazón para hacer" por la ciudad (2:12; cf. v. 16); la reacción de reflejo rotular habría sido la risa burlona en la ingenuidad del recién llegado, y habiendo hecho la diversión de las ideas de Nehemías que al principio oyen que el habitante de Jerusalén habría encontrado mucho más difícil en una etapa posterior de tomarlos en serio.

Muchos líderes, o los líderes aspirantes, han puesto en peligro sus mejores esquemas publicándolos prematuramente, de modo que ellos recibieron la burla y el rechazo de la gente que debía ser beneficiada por ellos, pero quienes no eran aún capaces de apreciarlos. (¡Con qué frecuencia pasa esto cuando los nuevos pastores entusiastas se mueven en fieles moribundos! ¡Y qué ruinoso tal error puede ser para el nuevo ministerio!) "no den lo sagrado a los perros," dijo Jesus: "no sea que se vuelvan contra ustedes y los despedacen" (Mt. 7:6). Pero Nehemías no cometió ese error. En 2:11-20 vemos como de hecho él consiguió que la gente fuera; allí él permite que nosotros lo sigamos por la serie de etapas que claramente constituyeron su plan de juego desde el principio.

El paso 1 en el plan de Nehemías era la *definición*, como siempre debe ser en cualquier estrategia acertada para llevar a cabo algo en absoluto. La primera necesidad es tener claro en la mente de alguien cual es exactamente la tarea, su tamaño y alcance, sus parámetros y límites. Entonces sus objetivos -a largo, mediano y corto plazo- serán claramente establecidos y usted sabrá a qué apunta: lo que usted hace, a donde va, y lo que estará implicado para llegar allí. Sólo cuando un trabajo ha sido definido así puede calcular de manera realista los medios para alcanzar su fin, y sólo cuando usted tiene claro tanto el final como los medios puede esperar que alguien más tenga confianza en su proyecto. El primer paso de Nehemías, por lo tanto, debía hacer un viaje de inspección, de modo que él pudiera definir la tarea de manera realista y detallada, basado en el conocimiento directo.

En consecuencia, habiendo gastado tres días instalándose como el gobernador, que significó, desde luego, administrador principal de los asuntos de Jerusalén, él cabalgó por la noche sobre una mula o burro, acompañado por algunos hombres a pie como una guardia: "examinando los muros de Jerusalén, que había sido dividido, y sus puertas, que habían sido destruidas por el fuego" (2:13). Él nos da los detalles de su ruta: parece que sólo llegó a la mitad de la distancia de los muros o menos,[5] pero era bastante para su objetivo. Él enfatiza que el viaje era secreto: "los funcionarios no sabían donde yo había ido o lo que yo hacía" (2:16). Él hacía de hecho la tarea necesaria, observando directamente la condición de la tierra y cuanto daño allí debía ser reparado. Más probablemente que no, él nunca había estado en Jerusalén antes y realmente comenzaba desde el principio; y él era bastante sabio para no dejar que otros actuaran como sus ojos, pero ir y ver todo por él. Él sabía que no sería capaz de motivar a la gente para reconstruir a menos que él pudiera mostrarse totalmente al corriente del modo que las cosas eran; entonces él tomó la acción apropiada para ponerse al tanto.

La definición de la tarea basada en la observación de los muros arruinados, y la preparación de una estrategia detallada para erigirlos de nuevo, eran pasos necesarios antes de que Nehemías pudiera esperar llevar a los vecinos con él cuando hiciera públicas sus propuestas. La fe y la planificación deben ir juntas. Cuando los cristianos entusiastas con fe fuerte se comportan sin cuidado cuando se trata de la orquestación de una empresa apreciada, el fracaso con regularidad resulta -no porque Dios no es sensible a la fe, sino porque este no es su modo de aplaudir y bendecir el descuido. El realismo de la preparación cuidadosa de Nehemías es el modelo verdadero que debemos seguir cuando somos llamados a hacer algo para Dios.

El paso 2 en el plan de Nehemías era la *motivación*, animación para la acción como podríamos expresarlo, y aquí Nehemías se mostró muy listo. Lo miramos juntar la información que necesitó antes de anunciar sus intenciones; ahora lo vemos con todo en la mano, habiendo calculado el coste y habiéndose equipado para contestar preguntas sobre como se haría el trabajo, saltando sobre los habitantes de Jerusalén – judíos, sacerdotes, nobleza, funcionarios, los "ellos" del versículo 17- su oferta audaz y su petición de que se unieran en la realización. "Por eso les dije:

—Ustedes son testigos de nuestra desgracia. Jerusalén está en ruinas, y sus puertas han sido consumidas por el fuego. ¡Vamos, anímense! ¡Reconstruyamos la muralla de Jerusalén para que ya nadie se burle de nosotros!"

Note cuán completamente Nehemías, el nuevo gobernador que acababa de llegar de la capital persa, se identificada con sus compañeros judíos a los que él había sido enviado para gobernar. "Él no juega al funcionario de visita de Susa, diciendo, 'Ustedes se encuentran en un lío, y he venido para ayudarles. Más bien es, 'Ven la situación mala en que estamos.' Él es uno de ellos."[6]

Note la forma tan resuelta, habiendo así declarado su solidaridad con ellos, en que los movió a la acción. "'Vamos..., reconstruyamos... y no estemos más en desgracia.'"

Todos los verdaderos líderes son maestros de la motivación. Piense, por ejemplo, de Winston Churchill al dar su primer discurso como Primer Ministro en la Segunda Guerra Mundial, cuando Francia se caía, el poder británico estaba en su reflujo más bajo, y la capitulación parecía la única opción sensible. "No tengo nada para ofrecer pero sangre, trabajo duro, lágrimas y sudor... ¿Cuál es nuestro objetivo? Puedo contestar en una palabra: la victoria; victoria a toda costa, victoria a pesar de todo el terror, victoria no importa lo largo y difícil que el camino puede ser..." Y más tarde, cuando la invasión pareció segura: "defenderemos nuestra isla, no importa lo que cueste; lucharemos sobre las playas, lucharemos sobre las tierras de aterrizaje, lucharemos en los campos y en las calles, lucharemos en las colinas; nunca nos rendiremos."[7] Ningunos discursos alguna vez generaron una voluntad nacional para continuar en la lucha con más eficacia como lo hicieron los discursos de guerra de Churchill, y un factor principal en esa voluntad nacional era la confianza que con un líder de este calibre que Gran Bretaña podría esperar ganar, como por la misericordia de Dios, en compañía con las naciones de Comunidad de Naciones, los Estados Unidos de América, y Rusia, Gran Bretaña finalmente lo hizo.

Nehemías, también, era un maestro de comunicación motivadora, y él también, como Churchill, hizo un impacto decisivo con su primer discurso como el líder de su gente. Nehemías proyectó la perspectiva de poner fin a la desgracia de Jerusalén y luego, en lo que llamaríamos el momento psicológico, reveló como Dios lo había conducido a su eminencia presente y como, por una inversión completa de la política más temprana imperial, el monarca persa había dado realmente la luz verde para la reconstrucción de los muros. "Entonces les conté cómo la bondadosa mano de Dios había estado conmigo y les relaté lo que el rey me había dicho. Al oír esto, exclamaron:

—¡Manos a la obra!

Y unieron la acción a la palabra" (2:18). La gran restauración estaba en marcha. Motivados y animados por lo que habían oído: "la gente trabajó con todo su corazón" (4:6).

El paso 3 en el plan de Nehemías era la *organización*, una habilidad en la que él era claramente un maestro. La lista de constructores en el capítulo 3 muestra el trabajo delegado a aproximadamente cuarenta y un grupos separados. Por esta división del trabajo todas las partes del muro estaban siendo reconstruidas juntas. Todas las clases de personas estaban implicadas: sacerdotes (incluso el sumo sacerdote, 3:1), levitas, criados del templo, orfebres, comerciantes, funcionarios, particulares, mujeres (3:12), y hombres de Jericó, Tecoa, Gibeón, Mizpa, y otras ciudades en el interior de Jerusalén. "No solamente hizo Nehemías coordinar el trabajo de modo que ningunos huecos fueran dejados y todo trabajaron estrechamente el uno al otro," escribe James Boice: "pero él también parece haber arreglado el trabajo en parte para la conveniencia y la motivación de los trabajadores." (¡Dirección de hombres en su mejor expresión!) "Muchos fueron adjudicados (o eligieron) las partes del muro delante de o directamente adyacente a sus casas: los sacerdotes que reconstruyen el área cerca del templo (w. 1,28), los criados de templo cerca el área de su morada en el monte del templo (v. 26), Jedada la parte del muro 'frente a su casa' (v. 10), Benjamín y Jasub la parte del muro 'delante de su casa' (v. 23), etcétera. Esto sería conveniente para todo, ya que no se perdería tiempo yendo de acá para allá o en irse a casa para el almuerzo. Y esto aseguraría buen trabajo. Una persona estaría segura de construir fuertes muros donde su propia casa tenía que ser protegida."[8] ¡Brillante! Nehemías organizó con habilidad magistral.

El capítulo 3 no nombra a Nehemías como constructor de ninguna parte del muro, pero en un sentido profundo y obvio él debe tener el honor como el constructor de todo ello. Por haber repartido el trabajo entre aquellos que él había motivado y se había movilizado para hacerlo, él ahora se dio a la tarea de supervisión, coordinación, interpretación como gerente de sitio, y protección tanto del edificio como de los constructores; estableciendo una vigilancia de veinticuatro horas cuando la invasión amenazó (4:7-9), colocando unidades de clan de guerreros en puntos clave para repeler a los invasores (4:13-15), manteniendo destacamentos de hombres armados constantemente listos (4:16,21), y teniendo cada uno, incluso él, que dormir preparados en la ciudad, para ser una fuerza de guardia durante la noche así como una fuerza obrera durante el día, preparados para unirse al trompetista de Nehemías (4:18, 20) en caso de que tocara una emergencia. El hecho de que el gobernador, que podría haber dejado Jerusalén cada noche para el equivalente de un hotel de cinco estrellas en un pueblo tranquilo periférico, decidió quedarse y no ceder ante las tropas y las cuadrillas de trabajo debe haber ayudado a sostener la moral durante algunas semanas muy agotadoras. Es, desde luego, tremendamente alentador cuando se ve a un líder compartir las privaciones de aquellos que él conduce. Nehemías entendió las responsabilidades del papel del líder y no falló en este punto.

> John White habla extasiado en la contemplación de esto: Nehemías no es el tipo de líder que evita sudar... Nehemías se negó ahorrarse trabajos...
>
> Nehemías se afanó con desenfreno... Nada ha sido alguna vez hecho para Dios sin el trabajo... Pablo "trabajó más duro que todos ellos" (1 Cor. 15:10)... Wesley a menudo predicó varias veces por día... Jesus... una vez se hundió en tal sueño agotado en un barco que hasta una tormenta en Galilea no pudo despertarlo... la cosa que todas las grandes mujeres y los hombres tienen en común es que ellos trabajaron.[9]

Este punto es el que no deberíamos vacilar en tomar.

Comenzar es con regularidad la parte más difícil de cualquier empresa. En los días cuando los caballos arrastraban carros y coches de cuatro ruedas de un lado a otro en los patios de maniobras de los ferrocarriles de Inglaterra, se calculaba que un caballo bueno podría tirar hasta seis vacíos una vez que estuvieran en movimiento, pero podrían comenzar sólo uno del descanso. En nuestro día, cuando se intenta reanimar una iglesia local inerte, encogida, donde nada de importancia ha cambiado durante años, Comenzar todavía demuestra ser la parte más difícil. El modelo de Nehemías de definición, motivación, y organización, eligiendo el momento correcto para decir y hacer cosas y aceptando la participación visible en el esfuerzo y tensión de generar movimiento resuelto y convertir ese movimiento en un hábito comunal, tiene el secreto, si tenemos el ingenio para entenderlo. El propio éxito de Nehemías aquí no era exactamente total. Él nos dice que la nobleza de Tecoa, tal vez por orgullo, y quizás apatía también, no participaría en la empresa, aunque las personas ordinarias de Tecoa y los hombres de Jericó, que estaba más lejos de Jerusalén que Tecoa, sí lo hacían (3:2, 5). Pero era éxito espectacular de todas maneras, y la mayor parte de eso bajo Dios era indudablemente debido a la habilidad en la dirección de hombres que Nehemías mostró desde el principio.

La necesidad de organizar

Una palabra adicional sobre la organización es apropiada en este punto. La organización es una habilidad para la cual unos tienen una facilidad natural, pero que todos pueden aprender tomando un poco de problema. De una manera extraña, sin embargo, aquellos que teorizan y formulan estrategias sobre la renovación y la reanimación de iglesias están divididos sobre ello. Unos que piensan la iglesia será renovada predicando, y otros que buscan su renovación mediante el bautismo del Espíritu y un torrente de dones, en particular lenguas, profecía, poder para sanar, y capacidades para el discernimiento sobrenatural, desacreditan la organización como un foco de la confianza carnal y un desarrollo que apaga el espíritu intrínsecamente. En el extremo opuesto, se han escrito libros y los diarios han publicado artículos que tratan a la organización como el elixir de vida y presentan modelos organizativos para pastores y sus multitudes en un modo que implica el crecimiento garantizado, tanto en la cantidad como en la calidad, si las instrucciones son seguidas. ¿Cuál es la verdad aquí? Parece ser:

1. Confiar en cualquier forma de organización, o en cualquier don espiritual o configuración de dones, o en el ministerio de cualquier persona dotada, para traer nueva vida a una iglesia es en efecto apagar el espíritu. Cuando la esperanza descansa sobre estos factores más bien que sobre Dios, la oración se decolora, florece el orgullo, y se retiene la bendición de Dios.

2. La vieja idea de que el ministerio espiritual es la tarea del clero y unos pocos laicos especialmente entusiastas, mientras el resto de ellos se limita a orar, pagar, y cuidar la estructura de la iglesia y comidas de la iglesia, es también apagar el espíritu en sí mismo (aunque las congregaciones prosperaran de vez en cuando a pesar de ello). El principio bíblico del ministerio de cada miembro en el cuerpo de Cristo debe ser reconocido, y se debe encontrar un lugar en la vida de la iglesia para cada don dado por Dios para ser usado en el servicio de Dios; lo que hace una cierta cantidad de organización obligatoria.

3. Como en el proyecto de Nehemías el carisma de un líder, disposición comunal de trabajar por la causa de Dios, habilidades de construcción básicas, y organización buena que los aprovecha, todo combinado para erigir los muros de Jerusalén, así en nuestras iglesias el carisma de un líder, la disposición comunal de servir, los dones de ministerio encontrado y afilado en toda la congregación, y organización buena para hacer el mejor uso de ellos, debe combinarse todos para la renovación verdadera. Ni la predicación más poderosa ni la demostración más eufórica de manifestaciones espirituales edificarán la iglesia local sin la sabiduría organizativa que pone objetivos e idea medios para alcanzar los fines. Los pastores que predican y que han dejado iglesias vigorosas y maduras han sido aquellos cuyo trabajo de púlpito se unió con la organización buena, hecha por otros o incluso por ellos. Compruébelo: usted encontrará que es así.

4

Dirección de personal II: Mantenerse en la tarea

Lograr que el trabajo sobre el muro comenzara era un logro principal, pero mantenerlos avanzando demostró ser la tarea más difícil.

Cuando Sambalat se enteró de que estábamos reconstruyendo la muralla, se disgustó muchísimo y se burló de los judíos. Ante sus compañeros y el ejército de Samaria dijo:

—¿Qué están haciendo estos miserables judíos? ¿Creen que se les va a dejar que reconstruyan y que vuelvan a ofrecer sacrificios? ¿Piensan acaso terminar en un solo día? ¿Cómo creen que de esas piedras quemadas, de esos escombros, van a hacer algo nuevo?

Y Tobías el amonita, que estaba junto a él, añadió:

—¡Hasta una zorra, si se sube a ese montón de piedras, lo echa abajo! Por eso oramos: «¡Escucha, Dios nuestro, cómo se burlan de nosotros! Haz que sus ofensas recaigan sobre ellos mismos: entrégalos a sus enemigos; ¡que los lleven en cautiverio! No pases por alto su maldad ni olvides sus pecados, porque insultan a los que reconstruyen.» Continuamos con la reconstrucción y levantamos la muralla hasta media altura, pues el pueblo trabajó con entusiasmo. Pero cuando Sambalat y Tobías, y los árabes, los amonitas y los asdodeos se enteraron de que avanzaba la reconstrucción de la muralla y de que ya estábamos cerrando las brechas, se enojaron muchísimo8 y acordaron atacar a Jerusalén y provocar disturbios en ella.9 Oramos entonces a nuestro Dios y decidimos montar guardia día y noche para defendernos de ellos. Por su parte, la gente de Judá decía: «Los cargadores desfallecen, pues son muchos los escombros; ¡no vamos a poder reconstruir esta muralla!»

Y nuestros enemigos maquinaban: «Les caeremos por sorpresa y los mataremos; así haremos que la obra se suspenda.» Algunos de los judíos que vivían cerca de ellos venían constantemente y nos advertían: «Los van a atacar por todos lados.»

Así que puse a la gente por familias, con sus espadas, arcos y lanzas, detrás de las murallas, en los lugares más vulnerables y desguarnecidos. Luego de examinar la situación, me levanté y dije a los nobles y gobernantes, y al resto del pueblo: «¡No les tengan miedo! Acuérdense del Señor, que es grande y temible, y peleen por sus hermanos, por sus hijos e hijas, y por sus esposas y sus hogares.» Una vez que nuestros enemigos se dieron cuenta de que conocíamos sus intenciones y de que Dios había frustrado sus planes, todos regresamos a la muralla, cada uno a su trabajo. A partir de aquel día la mitad de mi gente trabajaba en la obra, mientras la otra mitad permanecía armada con lanzas, escudos, arcos y corazas. Los jefes estaban pendientes de toda la gente de Judá. Tanto los que reconstruían la muralla como los que acarreaban los materiales, no descuidaban ni la obra ni la defensa. Todos los que trabajaban en la reconstrucción llevaban la espada a la cintura. A mi lado estaba el encargado de dar el toque de alarma. Yo les había dicho a los nobles y gobernantes, y al resto del pueblo: «La tarea es grande y extensa, y nosotros estamos muy esparcidos en la muralla,

> distantes los unos de los otros. Por eso, al oír el toque de alarma, cerremos filas. ¡Nuestro Dios peleará por nosotros!» Así que, desde el amanecer hasta que aparecían las estrellas, mientras trabajábamos en la obra, la mitad de la gente montaba guardia lanza en mano. En aquella ocasión también le dije a la gente: «Todos ustedes, incluso los ayudantes, quédense en Jerusalén para que en la noche sirvan de centinelas y de día trabajen en la obra.» Ni yo ni mis parientes y ayudantes, ni los de mi guardia personal, nos desvestíamos para nada: cada uno de nosotros se mantenía listo para la defensa.
>
> (Nehemías 4:1-23)

Satanás

El verdadero tema de Nehemías 4-6 es la guerra espiritual, y el verdadero opositor de Nehemías, que está al acecho detrás de los opositores humanos, críticos, y quejicas que ocuparon su atención directamente, eran Satanás, cuyo nombre significa "el adversario" y quien funciona como el enemigo permanente de Dios, el pueblo de Dios, el trabajo de Dios, y la alabanza de Dios. Nehemías no lo menciona (pocos libros de Antiguo Testamento lo hacen), pero esto no significa que él no estaba allí. La oposición directa sobre el nivel humano a aquellos que obedecen a Dios, y el uso "de flechas que arden" del desaliento (Ef. 6) para destruir esperanza, inducir al miedo, y así paralizar sus esfuerzos, son dos de sus tácticas regulares, y ambas están presentes en estos capítulos. Cuando usted ve las huellas digitales de Satanás sobre acontecimientos, es una apuesta segura que Satanás mismo está activamente presente, aun si él con cuidado se mantiene fuera de vista.

Pensamos en Satanás como nuestro enemigo espiritual, y así es, pero tenemos que darnos cuenta que la razón por la que él odia la especie humana y busca nuestra ruina es porque él odia a Dios, su Creador y nuestro. Él no es un creador él mismo, sólo un destructor; él es un ángel caído, el caso arquetípico de lo bueno que se vuelve malo; y ahora él procura sólo frustrar los proyectos de Dios, arruinar su trabajo, privarlo de la gloria, y en ese sentido triunfar sobre él. Cuando Dios inicia algo para su alabanza, Satanás está siempre allí, tratando de seguirle los pasos, planeando modos de estropear y frustrar el proyecto divino. "El diablo", su título descriptivo, significa "el calumniador", uno que piensa, dice, y planea el mal, primero contra Dios mismo, en segundo lugar contra la raza humana. El ejército de inteligencias incorpóreas que los Evangelios llaman demonios tiene "como el rey sobre ellos el ángel del Abismo, cuyo nombre en el hebreo es Abaddon, y en el griego, Apollyon" (Ap. 9:11) - ambos nombres significan "el destructor." Por el odio feroz, sostenido, despiadado que Satanás tiene hacia la humanidad se le conoce como un asesino, el malo, el león rugiente y devorador, y un gran dragón rojo. Por su hábito de torcer la verdad como un medio para alcanzar sus fines le llaman mentiroso y engañador. Él es malévolo, malo, feo, y cruel en grado extremo.

Un aburrimiento imprudente y despectivo con el cristianismo conduce a unos hoy, como en días antiguos, a coquetear con el satanismo por placer, pero esta es la locura suicida de verdad, porque el Satanás de la Escritura odia y procura engañar a toda la humanidad, aquellos que le afirman lealtad no menos que otros. También, él es sumamente astuto, mucho más inteligente que nosotros, y es un experto en la manipulación y utilización de la gente para alcanzar sus objetivos destructivos. (Piense en Eva, a la que Satanás engañó [2 Cor. 11:3; 1 Tim. 2:14], y en Judas, en quien Satanás entró para provocar la traición y la apostasía [Jn. 13:27], y en Elimas, ocultista y enemigo de la fe, a quien Pablo tuvo que decir: "hijo del diablo... ¿nunca dejarás de torcer los caminos rectos del Señor? " [Hechos 13:10].) Totalmente, el diablo es un enemigo que tiene que ser tomado muy seriamente.

Pero no deberíamos alarmarnos ante sus atenciones. Cristo lo ha vencido (Jn. 12:31); Satanás es ahora un enemigo derrotado, un león sobre una cadena, y lo que él puede hacer contra nosotros es soberanamente restringido en una base cotidiana, porque "Dios ...

no le dejará ser tentado más allá lo que usted puede aguantar" (1 Cor. 10:13). Nosotros que somos de Cristo deberíamos detestar a Satanás, pero no temerlo, ya que Dios ahora nos provee del equipo de uso múltiple de combate para usarlo contra él. Es el privilegio del cristiano "de poner la armadura llena de Dios, de modo que cuando el día de mal venga, usted puede ser capaz de poner su tierra" (Ef. 6). El correr asustado de Satanás no es el camino cristiano; es, más bien, una expresión de incredulidad. La sabiduría dirige, no que deberíamos gastar nuestro tiempo preocupándonos de Satanás, como si no hubiera ningún límite a lo que él puede hacer, pero simplemente que deberíamos vigilar para ver señales de que está en movimiento; es decir por acciones, pasiones, y circunstancias que hacen la guerra contra la causa y el honor del Creador. Tales acontecimientos piden con precisión la reacción de oración y contra movimientos que vemos en Nehemías. Las batallas de Nehemías a medida que el muro subía pueden enseñarnos mucho sobre ganar nuestra parte de la guerra en la cual, con Nehemías, nosotros que procuramos servir Dios hemos andado.

Los hombres de Satanás

En la descripción de sus conflictos, Nehemías se concentra en tres líderes de la oposición: Sambalat, Tobías, y Guesén. Él nos dice que los primeros dos "al oír que alguien había llegado a ayudar a los israelitas... se disgustaron mucho" (2:10); que él les informó en el comienzo que ellos no tenían "arte ni parte en este asunto, ni raigambre en Jerusalén" (2:20); que los tres "se burlaron" de la empresa de reconstrucción y acusaron a sus promotores "de rebelarse contra el rey [persa]" (2:19; 6:5-7); que Sambalat hizo un discurso despectivo anti judío, y Tobías una broma mala anti judía, en una reunión de sus socios en el gobierno más el ejército samaritano, donde ellos vertieron el desprecio público sobre la tarea entera; que a la vista de su progreso ellos con algunos otros grupos "se enojaron muchísimo" y "acordaron atacar a Jerusalén" (4:7-8); y que cuando el muro estuvo terminado y sólo faltaban las puertas, los tres cabecillas hicieron una ráfaga final de intentos para intimidar, incriminar, y aun asesinar a Nehemías (6:1-14, 17-19; vea especialmente vv. 2, 13, 14, 19). ¿Qué vamos a hacer con estos hombres que se convirtieron en instrumento de Satanás para oponerse a la restauración de Jerusalén?

Los detalles personales primero. El nombre de Sambalat es de origen Babilonio. Nehemías lo llama un horonita (2:10, 19; 13:28), es decir, un oriundo de Bet-Horón, más de veinte kilómetros al noroeste de Jerusalén, e informa que muchos años después su hija se casó con un miembro de la familia del sumo sacerdote (13:28). Fuentes extra bíblicas nos dicen que él era el gobernador más anciano de Samaria en 407 A.C., treinta y ocho años después de que Nehemías viniera a Jerusalén a edificar el muro, y que sus dos hijos llevaban nombres judíos que celebraban el nombre de Jehová. La conjetura natural es que Sambalat no era judío pero se había casado con una judía, que él ya era gobernador de Samaria desde antes que Nehemías arribara, que él no tenía intereses o motivos religiosos de ninguna clase, y que estaba ansioso de labrar una carrera que lo mostrara como leal al régimen persa; también, él tenía mucho temor de poner en riesgo sus planes y perder sus ambiciones al permitir que semillas de sublevación se sembraran dentro de sus fronteras.

Él era entonces, un hombre totalmente mundano que se opuso a Nehemías con el propósito de no meterse en líos con los amos persas y también, no hay duda, evitar el surgimiento desestabilizador de una base nueva de poder a menos de sesenta kilómetros de su propio cuartel. No hay duda de que él era bastante sincero al atribuir a Nehemías y sus colegas un secreto propósito de rebelión, el que naturalmente no anunciarían hasta que pensaran que eran lo suficientemente fuertes para llevarlo a cabo.

Placer, poder y ganancia son los únicos motivos atractivos que el mundo entiende, y podemos imaginar a Sambalat explicando pedantemente a sus amigos que puesto que no había placer alguno en este trabajo que Nehemías se había echado a cuestas de regresar a reconstruir, su objetivo por eliminación debía ser ganancia o poder o ambos. Los mundanos de hoy acusan a los cristianos de lo mismos propósitos egoístas; nada hay nuevo bajo el sol. El honor y la alabanza de Dios como motivo de una acción no significaba nada para Sambalat, y en esto él es típico de la raza humana caída en general.

Tobías ("Jehová es bueno") es un nombre judío, y su descendiente se había casado con un miembro de una familia judía influyente lo cual le dio contactos personales con algunas de las personas de posición elevada en Jerusalén, incluyendo a Eliasib el sumo sacerdote, cuyo hijo se había casado con la hija de Sambalat (6:17; 13:4-5). El hijo de Tobías, también, se había casado con alguien de la aristocracia. Evidentemente la clase alta consideraba a Tobías como uno de ellos y les molestaba la actitud negativa de Nehemías hacia él (vea 6:17-19). Pero Tobías, "el oficial amonita" (2:10), es decir, el judío que había hecho de Amón "su esfera elegida, en la cual ganó un elevado oficio",[1] se confabuló con Sambalat en el lamento, burla y oposición de la reconstrucción de los muros de Jerusalén. Él también, parece, hacía carrera en el empleo de Persia, quizás ya era gobernador de Amón, o si no, esperaba serlo pronto, y al no estar dispuesto a arriesgar su posición y planes al apoyar un proyecto que en su mente sólo podía causar problemas. Él era un sabio mundano formalista y pragmático, de corazón y pensamiento duros, que no era tan necio para permitir que su fe afectara su vida personal o profesional. Para él la gloria de Dios como motivo tampoco significaba nada. Él era un cínico, de una clase bastante familiar en el mundo moderno.

¿Qué de "Guesén el árabe" (2:19)? Kidner escribe: "Hay evidencia de que Guesén (compare 6:1ss.), lejos de ser un extranjero negligente, era una figura aun más poderosa que sus compañeros... De otras fuentes surge que Guesén y su hijo dirigían una liga de tribus árabes que tomaron el control de Moab y Edom (los vecinos de Judá al este y al sur) juntos con parte de Arabia y acercamientos a Egipto, bajo el imperio persa."[2] Él era claramente una especie de jefe supremo, pero esto no lo hizo más que un agente de poder, en gran escala, diplomáticamente armonizado, y él era desde luego un pagano. Es triste que él, Sambalat, y Tobías se hayan convertido, o al menos tratado de hacerlo, en un grupo de tres políticos comprometidos a impedir que Dios fuera glorificado en Jerusalén.

A veces en el mundo secular donde los grupos cristianos buscan la libertad de representar su fe en su plenitud, y a veces en el mundo medio secular de la vida denominacional principal como es hoy, Sambalat, Tobías, y Guesén reaparecen. Ellos toman la forma de burócratas que ven cualquier versión del cristianismo que desafía el status quo como subversivo: innecesario, imprudente, y destructivo más bien que constructivo en su empuje. En iglesias locales y cuerpos paraeclesiásticos, cualquier líder que valora el orden encima del ardor y la rutina encima del avivamiento, y quién vierte el agua fría sobre visionarios tan pronto como ellos proponen que algo sea hecho, corren el riesgo de convertirse en el nuevo Sambalat o Tobías. La lealtad de tal gente, por lo cual ellos piensan que sirven a Dios, es dada a instituciones cristianas más bien que a la verdad bíblica, y ellos no tienen ni idea que en esto ellos se hacen los instrumentos de Satanás para el apagamiento de la vida espiritual; tampoco entienden nunca por qué los cristianos que han conocido su fe y llamado de la Biblia encuentran necesario luchar contra ellos. El orgullo reflejado en su confianza que la sabiduría está con ellos, y que ellos tienen un deber cristiano de sostener el status quo contra reformadores que se basan en la Biblia, convierte a los Sambalat y Tobías de nuestro tiempo en figuras patéticas y trágicas al mismo tiempo. Pero esto en ningún modo reduce nuestra obligación de estar de pie contra ellos cuando se oponen a la obediencia a la verdad de Dios. Nehemías es nuestro modelo aquí, un modelo muy relevante para nuestro tiempo.

Guerra psicológica

Damos vuelta ahora a los tres tipos de ataque que Satanás usó a sus agentes humanos para montar contra el gran equipo de constructores de Nehemías. Había guerra psicológica, había amenazas físicas, y había desalientos y debilitamientos personales. El capítulo 4 del libro de Nehemías muestra los tres. Los tomaremos en orden.

La guerra psicológica, como hoy día la llamamos, está preocupada por la destrucción de moral. Las burlas y el desprecio, por lo cual usted muestra que me considera como un tonto cabezón, son un arma muy reveladora para el objetivo. La moral es desafiada en el nivel más profundo cuando encontramos que los otros se divierten a costa de nosotros y se dicen el uno al otro lo completamente estúpido que somos al hacer lo que hacemos. Sambalat en su ira entendió esto y se puso a actuar en consecuencia. Si él llevó a cabo su reunión al alcance de la voz de Jerusalén, como unos suponen, o si él pidió a personas que estaban presentes en ella que fueran directamente a Jerusalén y extendieran la palabra de lo que había sido dicho, no sabemos. Todo lo que sabemos es lo que Nehemías nos dice; a saber, que las noticias de lo que Sambalat y Tobías habían dicho realmente habían llegado. Cada una de las preguntas retóricas de Sambalat (los puntos clave de su discurso, obviamente) es un pinchazo que se clava en la moral de los constructores. Nehemías bajo la dirección de Dios había generado el regocijo, el sentido que la reconstrucción era posible después de todo y que los cuarenta y un equipos para trabajar juntos serían capaces de lograrlo. Sambalat estaba resuelto en generar la depresión y la desesperación y planeó su discurso a sus partidarios (4:2) en consecuencia.

"¿Qué hacen aquellos débiles judíos?" (¡Vean que realmente son un pobre grupo de incompetentes!) "¿Restaurarán ellos su muro?" (La tarea está seguramente más allá de su capacidad.) "¿Ofrecerán ellos sacrificios?" Es decir, ¿imaginan ellos que algunos ejercicios piadosos suplementarios harán que los muros se eleven como por arte de magia? (¡Qué idea tan absurda!) "¿Terminarán ellos en un día?" Es decir, ¿se dan cuenta ellos de la enorme tarea que se han echado a cuestas, y el tiempo que probablemente les tomará? (¡Les apuesto que ellos no son lo más mínimo realistas sobre esto!) "¿Harán revivir las piedras de los escombros polvorientos, aun las quemadas?" (¿No saben ellos que las piedras quemadas se derrumban?) De hecho, eran sólo las puertas de la ciudad las que habían sido quemadas, y los muros simplemente habían sido derribados; entonces la mayor parte de las piedras no habían sido calcinadas y así podrían ser usadas otra vez. Sin duda, sin embargo, el punto tuvo buena acogida con la muchedumbre de reunión de Sambalat, quienes para entonces estaban en un humor de aceptar hasta la agudeza sombría de Tobías ("si un zorro subiera su muro, ¡este sufriría un colapso!") como si esta fuera una palabra de sabiduría (4:3). "Incluso de un hombre de importancia, una broma tan fatua necesita un poco de ayuda de la atmósfera," comenta Kidner secamente,[3] y desde luego él tiene razón.

La respuesta de Nehemías a esta descarga de apertura con la guerra de nervios es asombrosa. Con cálculo cuidadoso Sambalat se había aprovechado de la inseguridad interior, la duda de sí mismo, y el miedo de fallar que en este mundo caído son parte del carácter de la mayor parte de la gente, y aquella experiencia debe haber sido traída a proporciones épicas en los abatidos habitantes de Jerusalén. El objetivo de Sambalat era paralizar el esfuerzo induciendo la desesperanza y la desesperación, y Nehemías debe haberse dado cuenta que él podría tener éxito muy fácilmente. La moral, aunque alta, era frágil, y no tomaría mucho para bajarla.

Tampoco deberíamos suponer que el propio Nehemías era inmune al impacto de lo que Sambalat decía: nadie sabía mejor que él que los judíos eran en efecto débiles, que la tarea era enorme, que no había ningún hechizo para el éxito, que bien podría demostrar ser un trabajo muy largo, y que la reutilización de piedras escogidas de los escombros de una pared demolida algún tiempo antes sería un negocio complicado y deprimente, sin nada del romance que envuelve la edificación de una nueva estructura de nuevos materiales. Nadie puede ser líder más allá del tiempo que la gente realmente lo sigue; si los trabajadores concluyen que la tarea era imposible y se rinden, Nehemías sería todavía el gobernador, pero su liderazgo se habría terminado. De este modo, impulsado tanto por sus propias ansiedades renovadas como por su objetivo de meses de levantar el muro otra vez para la gloria de Dios, él fue una vez más a la oración. Como hemos visto ya, Nehemías quiere subrayar el hecho de que todo lo que él hizo fue llevado a cabo por la oración; entonces no tenemos que estar sorprendidos en su introducción abrupta de la sustancia de su oración entonces (4:4-5).

Su oración se cristaliza en una súplica doble, así:

1. *Una súplica del apoyo de Dios de sus propios siervos.* Ese el sentido de: "¡Escucha, Dios nuestro, cómo se burlan de nosotros!... insultan a los que reconstruyen." Nehemías pide a Dios que contrarreste el efecto debilitador de las palabras de Sambalat impartiendo fuerza fresca y confianza a los equipos trabajadores.

2. *Una súplica del juicio de Dios sobre sus propios enemigos.* Es el sentido de:"Haz que sus ofensas recaigan sobre ellos mismos: entrégalos a sus enemigos; ¡que los lleven en cautiverio!... No pases por alto su maldad." Nehemías no expresa el carácter vengativo personal contra Sambalat y Tobías tanto como el celo porque Dios se vindique contra ellos porque ellos se han opuesto contra él. Lo mismo es verdadero de varios Salmos imprecatorios, en los cuales se pide al Dios de justicia invertir situaciones en las cuales podría haber parecido tener razón y el delito parece haber pagado. Aquí, también, el deseo que para su propia alabanza Dios trate con los impíos como ellos merecen es central.

Hoy parece haber dificultad con las oraciones bíblicas de que Dios tome venganza, en parte debido a su exuberancia oriental de expresión, la cual para nosotros suena como sanguinario y de regocijo maligno (detalles imaginativos sobre las perspectivas de que a alguien le vaya mal son culturalmente inaceptables para los occidentales), pero principalmente porque el celo puro por la gloria de Dios que estas oraciones expresan resultan extrañas a nuestros corazones espiritualmente inactivos. El principio clave aquí es declarado en el Salmo 139:21-22: "¿Acaso no aborrezco, Señor a los que te odian...? El odio que les tengo es un odio implacable." Mientras más cerca venimos a este estado de ánimo, que es un producto derivado del deseo que la voluntad de Dios sea hecha, que su reino venga, y su nombre sea santificado y glorificado, menos problema vamos a tener con oraciones de venganza.

A veces se dice que tal oración es un fenómeno del Antiguo Testamento que el Nuevo Testamento deja y hasta implícitamente condena, pero esto no es así. En el libro de Apocalipsis el grito de mártires: "¿Hasta cuándo, Soberano Señor, santo y veraz, seguirás sin juzgar a los habitantes de la tierra y sin vengar nuestra sangre?" (6:10); y cuando finalmente Babilonia, el emblema del orgullo, la avaricia, la insensibilidad, y la crueldad del mundo, es derrocada, los santos y los ángeles participan en el canto: "¡Aleluya! La salvación, la gloria y el poder son de nuestro Dios, pues sus juicios son verdaderos y justos... ¡Aleluya! El humo de ella sube por los siglos de los siglos" (19:1-3). Lo que se nos muestra aquí es que cuando los cristianos llegan al cielo, con su santificación completa y sus mentes totalmente se conformaron a la mente de Cristo como las mentes de los ángeles lo están, ellos se alegrarán siempre no solamente en la misericordia por la cual Dios se ha glorificado en sus propias vidas, sino también en los juicios por los cuales él se justifica contra aquellos que lo desafían. Los cristianos a veces encuentran difícil creer esto porque, siendo actualmente pecadores imperfectamente santificados ellos mismos, tienen tanto compañerismo con otros pecadores, y un sentido muy pequeño de como Dios es glorificado en sus juicios punitivos. Pero no debe haber duda que aprender a alabar a Dios correctamente por sus juicios, no menos que por su misericordia, es algo que todos los santos tienen que procurar, como parte de la educación de Dios para ellos en la vida de santidad.

"Ame a sus enemigos... oren por quienes los maltratan," dijo Jesus (Lc. 6:27-28), y el deseo que el amor y la oración deben expresar es que Dios debería ser clemente sobre nuestros enemigos convirtiéndolos totalmente a él. Jesús modeló esto inolvidablemente cuando oró por los soldados que le clavaron en la cruz: "Padre, perdónales, ya que no saben lo que hacen" (Lc. 23:34). Su referencia a sus oraciones por Jerusalén -"¡Cuántas veces quise reunir a tus hijos, como la gallina a sus pollitos debajo de sus alas!" (Mt. 23:37)- cuenta la misma historia. Pero Jesús también habló normalmente, y sin indicación de angustia, sobre el día cuando él mismo desterraría justamente de su presencia a miseria interminable a personas que no le habían dado realmente su corazón (Mt. 7:23; 10:33; 23:33-35; 24:48-51; 25:41-46; etc.). De igual manera también Pablo habló normalmente sobre el juicio ("la ira de Dios") que era sobre los judíos, por cuya conversión él seriamente oró (ver Rom. 10:1; 1 Tes. 2:14-16).

La verdad es que el refrenamiento del deseo de venganza y pedir a Dios que sea clemente con los enemigos de usted convirtiéndolos, mientras al mismo tiempo usted reconoce que él juzgará seguramente a los enemigos de él, y hasta pedirle que comience a hacer esto inmediatamente, no son líneas mutuamente exclusivas de oración. Ambas son expresiones del deseo de glorificar a Dios, ambos tienen la santificación del nombre de Dios como su objetivo, y necesariamente expresamos ambas desconociendo mayormente los detalles del plan de Dios en lo que se relaciona con los destinos de individuos. Pero la Escritura nos muestra muy claramente que la oración de petición, expresando el deseo que la voluntad de Dios se cumpla, es una actividad que Dios quiere, y además que no podemos esperar que él haga algo que esperamos si no le hemos pedido explícitamente; y aquel conocimiento debería bastar para mantenernos orando tanto por la conversión de la gente que conocemos como por el derrocamiento de todo el que se opone al trabajo de Dios.

¿Oró alguna vez Nehemías por la conversión de Sambalat y Tobías? No sabemos. Quizás no lo hizo, y quizás él habría sido un mejor hombre si lo hubiera hecho así (como se ha dicho antes, no hay ninguna razón para pensar que Nehemías era libre de pecado, o negar que en su celo por la gloria de Dios él fuera inclinado a ser áspero y estrecho). Pero ya que Sambalat y Tobías realmente se opusieron a él desde el principio, y así realmente se opusieron a Dios, es naturalmente sus oraciones contra su influencia continua, y su compromiso para que Dios trate con ello, lo que él registra.

Y seguramente la cosa que Nehemías quiere que sus lectores sepan consiste en que esta oración por conservación frente al intento de abatimiento fue contestada de un modo muy decisivo. La moral se mantuvo estable, e independientemente de lo que la ira de Sambalat y Tobías había generado por sus observaciones de mofa sirvieron sólo para activar las cuadrillas de trabajo. ("¿Es eso lo que ellos piensan? ¡Les mostraremos!") "Entonces reconstruimos el muro antes de que todo alcanzara la mitad su altura, ya que la gente trabajó con todo su corazón" (4:6). Así la primera forma de oposición, presión psicológica, fue vencida.

Amenazas físicas

Las amenazas de una invasión para demoler lo que había sido construido hasta entonces eran el siguiente problema. Los que deseaban mal a la empresa de reconstrucción vivían todos alrededor de la ciudad, y Sambalat en Samaria al norte, Tobías y los amonitas al este, más árabes al sur y las fuerzas de Asdod al Occidente "y acordaron atacar a Jerusalén y provocar disturbios en ella" (4:8). ¡Noticias muy desalentadoras! Las fuerzas combinadas que rodean la ciudad santa estuvieron obligadas a ser numéricamente superiores, y el mensaje que llegó era que ellos estaban seguros de su capacidad de lanzar un ataque de sorpresa eficaz: "Les caeremos por sorpresa y los mataremos; así haremos que la obra se suspenda" (4:11).

El mensaje vino, parece, vía judíos que vivían "cerca de ellos" (v. 12), pobladores judíos y los que vivían en el campo, es decir sobre algo como un radio de cuarenta y cinco kilómetros alrededor de Jerusalén, viviendo cerca de los centros de actividad hostil. Como promotores de la reconstrucción, estos judíos rurales dolorosamente "Los van a atacar por todos lados" (4:12). "Nos dijeron", no me, escribe Nehemías; claramente los invitados del campo chismearon a todos sin excepción sobre las reuniones de tropas y el almacenaje de armas. Del hecho de que ellos dijeron que los invasores nos atacarían está claro que ellos se vieron como partidarios; pero por ello su chismear sombrío fue bien calculado para interrumpir el trabajo extendiendo la alarma y el desaliento a una magnífica escala. ¿Con amigos como estos, Nehemías debe haber pensado, quién necesita enemigos? Aunque los judíos rurales obviamente pensaran que eran de ayuda al decir lo que dijeron, y por lo visto habían hecho viajes especiales para tal objetivo, su seguridad que no había ningún modo de evitar que el ataque no podía hacer sino deprimir y desmoralizar: "y las diez veces de Nehemías" (cuando podríamos decir: "si él me dijo una vez, él me dijo que una docena de veces") muestra algo de su irritación. Sus afirmaciones tajantes sobre fuerzas aplastantes que se alineaban contra Jerusalén, con advertencias que la resistencia sería inútil, eran la última cosa que él y los constructores necesitaban, tal como declaraciones que nada puede hacerse para avanzar las iglesias son la última cosa que los pastores y los líderes de la congregación tienen que oír hoy. Pero como era en los días de Nehemías, sigue siendo igual hoy: pocas si alguna iglesia carece de amigos, de una clase, que sienten que su ministerio especial es impartir esta clase de seguridad negativa, y quienes nunca dudan que sus agüeros fatales son la contribución más provechosa que ellos pueden hacer. La información verdadera que ellos traen puede ser, desde luego, útil; pero la penumbra de oráculo que ellos extienden es incredulidad enmascarada como sabiduría y tiene que ser cortada de raíz.

> Nehemías, como hemos visto, era una encarnación práctica de la máxima noble de Guillermo Carey: "Intente las grandes cosas para Dios; espere grandes cosas de Dios"; y él no estaba preparado para tirar la toalla todavía. James Montgomery Boice escribe bien sobre el siguiente movimiento de Nehemías:
>
> En términos militares, Nehemías debe haber sabido que era improbable que sus enemigos atacaran la ciudad abiertamente, ya que él tenía la autoridad imponente de Artajerjes detrás de él... Por otra parte, Nehemías debe haber conocido que lo que podríamos llamar guerra guerrillera era probable... Además, él sabía que algo de esta naturaleza desmoralizaría mucho a la gente al grado que el trabajo se pararía y nunca se volvería a echar a andar otra vez. ¿Qué debía Nehemías hacer? Lo que él hizo

> era sumamente sabio. Él trató con la verdadera amenaza... en un modo que construyó el amor propio bajo de la gente y reforzó su resolución.
>
> Nehemías convirtió Jerusalén en un campo armado. Cuando la amenaza se hizo conocida, él respondió fijando una guardia de día y de noche (v. 9). Cuando los rumores de violencia siguieron y comenzaron a tener un efecto de desmoralización, él fue más lejos: (1) él paró el trabajo (cp. vs. 13, 15); (2) él armó a la gente (v. 13 [vs. 17, 18, también]); y (3) él arregló la gente en grupos de familia en los sitios más expuestos a lo largo del muro (v. 13). La división de ellos en familias correspondió al modo tradicional de Israel de luchar y aumentó la conciencia de cada persona de las apuestas...
>
> Cuando sus enemigos se enteraron de la preparación de los judíos y que su complot [el ataque por sorpresa] fue frustrado, la presión disminuyó y Nehemías fue capaz de volver los trabajadores a los muros. Pero él no olvidó la amenaza.
>
> Por lo tanto, (1) dividió a la gente en dos grupos, uno de los cuales trabajaría y el otro estaría preparado para luchar en cualquier momento (...vv. 16-18); (2) él ideó un plan para enfrentar un ataque inesperado vv. 18-20); (3) él aceleró el paso de la construcción (desde el alba hasta que las estrellas salían (v. 21); y (4) conservó a la gente en la ciudad día y noche (v. 23).[4]

Tampoco era todo. Nehemías hizo tres cosas adicionales que pueden haber contribuido bien más al éxito a largo plazo del proyecto de edificio que cualquiera de sus golpes imperiosos como un organizador. Primero, él mantuvo a la gente en buen ánimo al constantemente compartir con ellos su propia confianza total en Dios. "¡No les tengan miedo! Acuérdense del Señor, que es grande y temible..." "¡Nuestro Dios luchará por nosotros!" (4:14, 20). De esta manera él era una inspiración constante y el elevador de la moral, y ese era un ministerio de importancia incalculable.

Segundo, desde el principio de la crisis Nehemías oraba explícitamente por la protección de Dios y moviendo a otros a unirse con él en esto. "[La comunidad entera] oramos a nuestro Dios" (v. 9) - y a lo largo de la crisis siguió haciéndolo así. La oración mueve montañas, dijo Jesús (Mt. 17:20; Mr. 11:23); no se puede poner límites a la diferencia que la oración fiel hace en tiempos de problema.

Tercero, Nehemías aceptó para él las privaciones que impuso a la gente durante la emergencia. "Ni yo ni mis hermanos ni mis hombres ni las guardias conmigo quitamos nuestra ropa; cada uno tenía su arma..." (4:23). Así es como los líderes construyen la lealtad entre aquellos que dirigen, criando entre ellos la resolución de quedarse y trabajar duro juntos hasta que el trabajo sea hecho. Naturalmente, es cuando la gente ve a su líder identificarse más estrechamente con ellos que ellos se identifican más estrechamente con él.

Entonces se hizo frente a la amenaza un modo que realmente dejó la solidaridad de la gente a las órdenes de Nehemías más fuerte que antes.

Desaliento personal

Enfrentarse con el peligro de la acción hostil militar había hecho la tarea de reconstruir más complicada, y mucho más difícil. La necesidad de Nehemías para separar "a mitad" de sus hombres de la fuerza obrera para servir como una guardia totalmente armada (4:16), y la rareza de cada constructor tenía que llevar puesta una espada y cada acarreador y cargador que tenía que sostener una lanza mientras luchaba con azadas, las piedras, y el mortero (4:18) inevitablemente hicieron más lentas las cosas e impusieron cargas suplementarias con las cuales nadie había contado. Tampoco eso era todo. Mientras la crisis de defensa se intensificaba: "La gente en Judá dijo, la fuerza de los trabajadores presenta, y hay tantos escombros que no podemos reconstruir el muro'" (4:10). El regocijo con el cual ellos habían abrazado la tarea de reconstrucción no había sido totalmente realista. El limpiado de los escombros del pasado de modo que las nuevas paredes pudieran tener fundamentos apropiados demostraba ser un trabajo mucho más grande que lo que ellos habían pensado, y los constructores, enfrentados tal vez con el doble de trabajo que ellos habían esperado, se desanimaban. Nehemías tuvo que tratar con el problema de defensa sabiendo que cada vez más de los trabajadores en sus equipos comenzarían a sospechar que, aun sin amenazas desde fuera, el trabajo estaba simplemente más allá de sus fuerzas y ellos nunca podían esperar completarlo. El desaliento personal en la magnitud de sus tareas adjudicadas, el desaliento de la clase que vacía la empresa, disminuye el esfuerzo, y genera la apatía y la inercia de la desesperación, infectaba rápidamente la fuerza obrera entera. Este, también, era el problema de Nehemías.

Y no sólo de Nehemías. Los pastores y los líderes espirituales hoy cuyas preocupaciones se extienden más allá del mantenimiento a la misión, y quienes buscan una ampliación genuina del reino de Dios, se encuentran afrontados una y otra vez con lo que tiene que ser clasificado como escombros de actitud; pereza, incredulidad, dilación, cinismo, ensimismamiento, lucha cuerpo a cuerpo y poner vallas entre el pueblo del Señor, y muchos factores similares que dificultan y obstruyen el avance espiritual. Estos hacen la tarea de liderazgo dos veces más difícil que como sería de otra manera, y el avance dos veces como lento. Nehemías mismo, afrontando la burla de Sambalat y Tobías y sus amigos, más la amenaza de infiltración guerrillera para derribar los muros una vez más, más ahora las quejas desesperadas de los constructores, debe haber sentido la tentación de perder la esperanza tan fuertemente como cualquiera de aquellos él dirigió, tal como Moisés debe haberlo sentido muchas veces en la locura de la gente en los andanzas del desierto, y Pablo repetidas veces en las incursiones de herejía, inmadurez, e inmoralidad en las iglesias que él plantó, y Jesús una y otra vez en la flojedad espiritual de sus propios discípulos más cercanos. Pero todos ellos siguieron avanzando, tal como los verdaderos líderes espirituales hoy seguirán avanzando a pesar de malentendido, malicia, y hostilidad en todas sus formas.

Porque hay una fuente secreta de la fuerza de la cual los líderes, como sus seguidores, pueden dibujar tomar, para estabilizar como animarse de nuevo y equiparse para animar de nuevo otros.

¿Qué fuente es esta? La advertencia de Nehemías -"Recuerda que el Señor"- nos la ha señalado ya. La fuente de fuerza es el conocimiento de Dios, recordado, examinado, reenfocado, estudiado detenidamente, y aplicado a los asuntos a mano. El Dios que servimos es, como Nehemías declaró: "grande e imponente," "grande" en su sabiduría, gracia, fidelidad, y poder, "e imponente" en su hábito de exponer a sus siervos a dificultades, peligros, red, y trampas de las cuales él entonces los libera. Para ser un compañero de trabajo con este Dios y participar en sus trabajos de amor, bendición, y el rescate en este mundo es un maravilloso privilegio, el mayor que la vida puede ofrecer. El trabajo puede ser más difícil de lo que habíamos contado, pero deberíamos sentir todavía el temor y la gloria de ser el colega de Dios. Y nunca olvide que, como alguien una vez dijo, uno con Dios es una mayoría, o que, como alguien más ha dicho, mientras los salarios para servir a Dios aquí puede ser irregular, la pensión es fuera de este mundo. Nehemías sabía estas cosas, y así era capaz tanto de afrontar la oposición como un nadador bueno afronta las olas como decir palabras que ponen la nueva esperanza en sus seguidores que decaen y se acobardan. "Por eso, al oír el toque de alarma, cerremos filas. ¡Nuestro Dios peleará por nosotros!" (4:20). "el Dios del cielo nos concederá salir adelante" (2:20). Como las declaraciones de Nehemías expresaron convicción, así trajeron convicción; Jerusalén se repuso para oponerse a la invasión, y se reanudó la limpieza de los escombros. Respondieron así con eficacia al desaliento, una de las armas más fuertes de Satanás. Por la gracia de Dios, y en la fuerza de Dios, el trabajo de Dios continuó.

"Si puedes estar firme cuando en tu derredor todo el mundo se ofusca y tacha tu entereza... serás hombre, hijo mío," escribió Kipling. Nehemías, como Moisés, Pablo, y Jesús, demostró ser un Hombre en el sentido de Kipling, y quizás en un sentido más profundo que Kipling alguna vez entendió. Son aquellos que conocen a su Dios quienes son capaces de mantener la calma en condiciones alarmistas, y ellos pueden hacer esto debido a lo que está en su corazón. ¿Qué es esto? No solamente una ortodoxia intelectual, sino una pasión incansable, absorbente por la cercanía a Dios mismo. Sólo esto explica el sentido del poder de Dios que irradia de sus vidas, la firme seguridad de las cosas que ellos dicen, y su don para impartir la nueva esperanza a aquellos que la han perdido. No sabemos si Nehemías alimentó su alma en los Salmos de David (él podría haberlo hecho así); pero seguramente David es más vívido en expresar los pensamientos del corazón que está arraigado en Dios y este debe haber constituido el perfil interior de Nehemías, y David tendrá la última palabra en este capítulo sobre como los siervos de Dios siguen avanzando.

El SEÑOR es mi luz y mi salvación;
¿a quién temeré?
El SEÑOR es el baluarte de mi vida;
¿quién podrá amedrentarme?
Cuando los malvados avanzan contra mí para devorar mis carnes,
cuando mis enemigos y adversarios me atacan,
son ellos los que tropiezan y caen.
Aun cuando un ejército me asedie, no temerá mi corazón;
Aun cuando una guerra estalle contra mí, yo mantendré la confianza.

Una sola cosa le pido al SEÑOR,
y es lo único que persigo:
Habitar en la casa del SEÑOR todos
los días de mi vida,
para contemplar la hermosura del SEÑOR y recrearme en su templo.
Guíame, SEÑOR, por tu camino; dirígeme por la senda de rectitud,
por causa de los que me acechan.

Pon tu esperanza en el SEÑOR,
Ten valor, cobra ánimo;
¡pon tu esperanza en el SEÑOR!

(Sal. 27:1-4, 11,14)

5

Probado para la destrucción

Hace más de cuarenta años Nevil Shute merecidamente era el novelista británico más popular y que más libros vendía. Ingeniero en aeronáutica por educación, él se movió a través de la escritura de película de suspenso de rato libre en una serie fascinante de historias de interés humano en las cuales él exploró muy vivamente aspectos de la decencia íntima en la integridad del hombre común, lealtad, amor, valor, fidelidad, honestidad, responsabilidad, y heroísmo tranquilo, abnegado en la vida diaria. Las historias apelaron porque fueron provocadas por acontecimientos contemporáneos y enfrentaron problemas verídicos de modos pensativos y a veces devastadores. *No Highway* (Ninguna carreterra) fue, pienso, el primer libro de Shute que leí, y es seguramente el que mejor recuerdo. Este cuenta de un jefe de departamento quien arriesga su carrera apoyando a un investigador excéntrico que cree que el estabilizador de un avión de pasajeros entonces en servicio se desprendería por la fatiga metálica después de tantas horas del vuelo. A lo largo de la historia uno de tales estabilizadores está siendo probado para la destrucción, y el punto culminante del libro incluye su desintegración en aproximadamente el tiempo predicho. La historia todavía me da escalofríos, en parte por su cuadro de profesionales dispuestos a suprimir a teóricos y poner en peligro a la gente más bien que dar un silbido de advertencia; en parte por su recordatorio de los dilemas que el conocimiento con integridad puede generar; en parte, adivino, porque recuerdo como uno de los primeros motores británicos, un Cometa, se deshizo realmente, de hecho espectacularmente en el aire, por la fatiga metálica, matando entre otros al entonces director del Compañerismo Misionero de Ultramar, con quien yo tenía un pequeño eslabón personal; y en parte, sé, porque el cuento de Shute me hace pensar en Satanás, con quien las pruebas para la destrucción son el trabajo de cada día

La estrategia de Satanás

La Escritura, como vimos, habla tanto de Dios como de Satanás "probando". Es decir, probando a la gente para ver lo que hay en ellos, probándolos como los estudiantes son probados en exámenes escolares. Leemos que el diablo tentó a Jesús (Mt. 4:1), y que Dios probó a Abraham (Gn. 22:1), y la verdad es que en cada situación de pruebas tanto Satanás como Dios están implicados. Dios nos prueba para provocar la excelencia en el aprendizaje, como Moisés explicó a los israelitas en el final de los andanzas del desierto: "Recuerda que durante cuarenta años el SEÑOR tu Dios te llevó por todo el camino del desierto, y te humilló y puso a prueba para conocer lo que había en tu corazón, y ver si cumplirías o no sus mandamientos... Él te alimentó con maná... Así te humilló y te puso a prueba" - para instruirle, es decir en la confianza agradecida, confidente, disciplinada, sumisa sobre él - "para que al fin de cuentas te fuera bien" (Dt. 8:2,16). Satanás, por el contrario, nos tienta con miras a nuestra ruina y destrucción, como aparece en la razón de Pablo de enviar a Timoteo para reforzar y animar a los cristianos acosados de Tesalónica: "no fuera que el tentador los hubiera inducido a hacer lo malo y que nuestro trabajo hubiera sido en vano" . En otras palabras, Satanás podría haberlos persuadido a dejar su fe y entonces arruinado sus almas (1 Tes. 3:2-5). Satanás estaba, desde luego, con los israelitas en el desierto, trabajando para entramparlos en incredulidad y anarquía de varias clases, y a menudo tuvo éxito en su objetivo, a corto plazo al menos; y

Dios estaba con los tesalonicenses en el horno, disciplinándolos para su bien, que ellos pudieran compartir su santidad (ver Heb. 12:10). La tentación tiene siempre dos lados de esta manera; así siempre que estemos conscientes de que Satanás procura derribarnos, deberíamos recordar que Dios está presente también para mantenernos estables y edificarnos a través de la experiencia horrenda. Es algo que nunca debemos olvidar.

Pero Satanás es un ser que odia, un demoledor, y un destructor, y sólo cuando él arruina el trabajo de Dios en individuos y comunidades es feliz. Antes sugerí que la narrativa de Nehemías de la oposición a la edificación de los muros debiera ser entendida en términos de la mano escondida de Satanás del odio al trabajo de Dios, y en el capítulo presente seguiremos aquella pista más lejos. En Nehemías 4 vimos a Satanás usar tres armas -guerra psicológica, amenazas físicas, y desaliento personal- para anular el proyecto de reconstrucción de Nehemías. En Nehemías 5 y 6 lo veremos, habiendo fallado hasta ahora, girando su atención a Nehemías de un modo más directo, trabajando para destruirlo personalmente en el sentido de desacreditarlo al punto que su papel como el líder del pueblo de Dios con el trabajo de Dios se perdiera. Miraremos a Satanás desplegar cuatro dispositivos con este fin: incriminación, intriga, insinuación, e intimidación: ¡él no es nada si no versátil! Y veremos también a Nehemías por fe, sabiduría, y disposición que hace frente con éxito a cada una de estas formas de incitación, directamente hasta su primer gran pináculo del logro, la finalización del muro "en cincuenta y dos días... con la ayuda de nuestro Dios". Una cantidad asombrosa de trabajo para llevar a cabo dentro de un período de dos meses, período lleno de preocupaciones (6:15-16). Encontraremos que es una historia de guerra espiritual y triunfo espiritual, lleno de lecciones y estímulos para cada siervo de Dios.

La estratagema de apertura de Satanás era sutil. Comenzó con una generación de agravios que amenazaron con parar el trabajo; que esto fuera también un intento de desprestigiar a Nehemías y distanciarlo de la comunidad en total sólo se hizo claro más tarde. Así es como Nehemías relata lo que ocurrió.

> Los hombres y las mujeres del pueblo protestaron enérgicamente contra sus hermanos judíos, pues había quienes decían: «Si contamos a nuestros hijos y a nuestras hijas, ya somos muchos. Necesitamos conseguir trigo para subsistir.» Otros se quejaban: «Por conseguir trigo para no morirnos de hambre, hemos hipotecado nuestros campos, viñedos y casas.» Había también quienes se quejaban: «Tuvimos que empeñar nuestros campos y viñedos para conseguir dinero prestado y así pagar el tributo al rey. Y aunque nosotros y nuestros hermanos somos de la misma sangre, y nuestros hijos y los suyos son iguales, a nosotros nos ha tocado vender a nuestros hijos e hijas como esclavos. De hecho, hay hijas nuestras sirviendo como esclavas, y no podemos rescatarlas, puesto que nuestros campos y viñedos están en poder de otros.»
>
> Cuando oí sus palabras de protesta, me enojé muchísimo. Y después de reflexionar, reprendí a los nobles y gobernantes:
>
> —¡Es inconcebible que sus propios hermanos les exijan el pago de intereses!
>
> Convoqué además una gran asamblea contra ellos, y allí les recriminé:
>
> —Hasta donde nos ha sido posible, hemos rescatado a nuestros hermanos judíos que fueron vendidos a los paganos. ¡Y ahora son ustedes quienes venden a sus hermanos, después de que nosotros los hemos rescatado!
>
> Todos se quedaron callados, pues no sabían qué responder.
>
> Yo añadí:
>
> —Lo que están haciendo ustedes es incorrecto. ¿No deberían mostrar la debida reverencia a nuestro Dios y evi-

tar así el reproche de los paganos, nuestros enemigos? Mis hermanos y mis criados, y hasta yo mismo, les hemos prestado dinero y trigo. Pero ahora, ¡quitémosles esa carga de encima! Yo les ruego que les devuelvan campos, viñedos, olivares y casas, y también el uno por ciento de la plata, del trigo, del vino y del aceite que ustedes les exigen.

—Está bien —respondieron ellos—, haremos todo lo que nos has pedido. Se lo devolveremos todo, sin exigirles nada.

Entonces llamé a los sacerdotes, y ante éstos les hice jurar que cumplirían su promesa. Luego me sacudí el manto y afirmé:

—¡Así sacuda Dios y arroje de su casa y de sus propiedades a todo el que no cumpla esta promesa! ¡Así lo sacuda Dios y lo deje sin nada!

Toda la asamblea respondió:

—¡Amén!

Y alabaron al SEÑOR, y el pueblo cumplió lo prometido. Desde el año veinte del reinado de Artajerjes, cuando fui designado gobernador de la tierra de Judá, hasta el año treinta y dos, es decir, durante doce años, ni mis hermanos ni yo utilizamos el impuesto que me correspondía como gobernador. En cambio, los gobernadores que me precedieron habían impuesto cargas sobre el pueblo, y cada día les habían exigido comida y vino por un valor de cuarenta monedas de plata. También sus criados oprimían al pueblo. En cambio yo, por temor a Dios, no hice eso. Al contrario, tanto yo como mis criados trabajamos en la reconstrucción de la muralla y no compramos ningún terreno. A mi mesa se sentaban ciento cincuenta hombres, entre judíos y oficiales, sin contar a los que llegaban de países vecinos. Era tarea de todos los días preparar un buey, seis ovejas escogidas y algunas aves; y cada diez días se traía vino en abundancia. Pero nunca utilicé el impuesto que me correspondía como

> gobernador, porque ya el pueblo tenía una carga muy pesada. ¡Recuerda, Dios mío, todo lo que he hecho por este pueblo, y favoréceme!
>
> (Nehemías 5)

Incriminación

El capítulo se divide en tres partes: los versículos 1-5, las quejas que Nehemías oyó; los versículos 6-13, los pasos que Nehemías tomó; los versículos 14-19, el ejemplo que Nehemías puso. Mi exposición seguirá este bosquejo.

Primero, *las quejas que Nehemías oyó* (5:1-5). En el capítulo 4 el cuadro era de una reunión de comunidad y cierre de filas bajo la presión; aquí, sin embargo, el cuadro es de la misma comunidad que se deshace en las costuras debido a agravios que se ulceran entre sus miembros. Oímos de una gran protesta en el que las esposas –amas de casa y madres- unidas con sus maridos en la protesta de la manera que las casas y las familias estaban siendo amenazadas (5:1). Parece como si el brote público era repentino, aunque, como veremos, los asuntos de agravio eran llagas que ya tenían mucho tiempo en la vida de la gente. Un sentido de agravio colectivo puede viajar por una comunidad como el fuego incontrolable una vez que las quejas iniciales han roto la superficie, y uno imagina delegaciones y demostraciones que aparecen de la nada para alertar a Nehemías a este racimo de problemas sociales que, como una nueva llegada, él no se había dado cuenta aún que estaba allí.

No se nos dice exactamente como pasó esto, pero es natural adivinar que era algo como un mes en la reconstrucción, antes de que las amenazas de invasión se hubieran despejado totalmente, mientras el problema de escombros todavía se sentía intensamente, y antes de que fuera posible que los trabajadores sintieran que el final del trabajo estaba a la vista. Una nueva crisis entonces era la última cosa que Nehemías necesitaba, pero bajo la mano de orquestación hábil de Satanás era lo que él afrontó: las condiciones de campo armado en la ciudad, más la sangre, trabajo duro, lágrimas, y sudor del trabajo sobre los muros, habían traído una variedad de sentimientos hostiles a una cabeza, y ahora que se habían exteriorizado no había nada otra cosa sino tratar con los agravios tan rápida y decisivamente como fuera posible.

¿De qué se trataba todo ello? Nehemías registra tres niveles específicos de peligro, hechos públicos en tres líneas específicas de queja. Es lo más natural suponer que los más si no todos los demandantes pertenecieran a familias que habían aplaudido al principio al proyecto de Nehemías y dejado sus hombres ir a trabajar sobre los muros; pero ahora que el primer rubor de entusiasmo se había acabado ellos tenían segundos pensamientos, que quizás las mujeres eran las más directas para ponerlos en palabras. Comoquiera que pueda haber sido, como se le dijo a Nehemías, los agravios eran estos:

El trabajo sobre los muros recortaba el trabajo en los campos. Si las cosas continuaban como iban, no habría ninguna cosecha el próximo año, y luego las familias pasarían hambre (5:3).

Las condiciones de hambre (una o varias cosechas malas en el pasado) habían obligado ya a un poco de la gente a hipotecar un poco de su tierra para recaudar el dinero para el grano de semilla (5:3). Pero esto significó que ellos estaban ya desesperadamente cerca de la ruina; si ahora los tiempos malos siguieran y ellos fueran incapaces de pagar, no había ningún futuro para ellos, y pronto perderían su tierra completamente.

La pérdida de la tierra en la manera que acaba de ser descrita, más la necesidad de pagar interés por préstamos de otras fuentes, había obligado a algunas familias a vender a sus niños en la esclavitud, como el único modo que ellos podrían seguir ahora avanzando (5:4-5).

Lo esencial era que la reconstrucción de los muros, encima de todo lo demás, arruinaba a la gente pobre y debería ser por lo tanto abandonada; y en cualquier caso los trabajadores empobrecidos ellos mismos tendrían que perder el trabajo.

En todo esto, sin embargo, como Nehemías nota, el objeto inmediato de la hostilidad no era él, pero "sus hermanos judíos"

(5:1, 5), la gente rica ("los nobles y los gobernantes," 5:7) que había prestado el dinero, confiscado las tierras, y aceptaban ahora alegremente a muchachas de familias pobres como esclavos y se disponían a tomar a los muchachos también (5:5). La anodina presteza del rico para aprovecharse del pobre, basados en "negocios particulares", y tratar con ellos en un modo que los dejaban más pobres y más infelices que antes había provocado resentimiento desde hacía mucho tiempo. Era este, básicamente, el que salía ahora a la superficie, y tuvo que ser tratado. Legalmente, nada estaba mal; pero moralmente, el comportamiento del adinerado era la explotación insensible en una comunidad que Dios había llamado para vivir en la hermandad, por un principio de amor al prójimo (ver Lev. 19:18), y es muchísimo al crédito de Nehemías que cuando los hechos fueron puestos delante de él, él fue impresionado y se enfureció y resolvió hacer algo al respecto (5:6-7). Esto nos toma a la siguiente sección.

Segundo, *los pasos que Nehemías tomó* (5:6-13). La ira de Nehemías por victimizar al pobre se pareció a la ira del Señor Jesús en el mercado en el templo, no la ira petulante de alguien a quien frustraban sus proyectos personales, pero un sentido atormentado del ultraje en el comportamiento que era impío en su naturaleza y abusivo de otros en su efecto. Su ira lo condujo a pensar con fuerza (5:7a), y piadosamente, seguro, aunque él no mencione esto, sobre lo que él debería hacer.

Quizás él pensó primero en tratar de evadir la cuestión diciendo a los demandantes: "Mire usted, cada uno, el levantamiento de los muros es la prioridad de Dios para todos nosotros; es tan importante que yo no puedo molestarme por estos agravios ahora mismo, y usted no debería molestarse por ellos tampoco." Pero esto habría mostrado una crueldad igual a la de los explotadores; esto habría sido una falla personal del amor al prójimo de parte de Nehemías, tal como habría sido si el samaritano en la historia de Jesús hubiera decidido que él debía hacer algunas otras cosas primero antes de ayudar al judío en los barrios bajos. Esto habría distanciado seguramente a la gente pobre del liderazgo de Nehemías, haciéndolo parecer poco compasivo a su situación grave, y podría haber conducido a mucha de su fuerza obrera a retirarse de los muros para siempre Y esto habría sido un fracaso de liderazgo como tal, ya que los verdaderos líderes aceptan la responsabilidad del bienestar de aquellos ellos que dirigen, y ningún líder que merezca el nombre alguna vez se hace de la vista gorda a la victimización. Así que no seguiría ese curso la acción.

Había realmente sólo una opción, a saber, tomar al toro por los cuernos, y esto hizo Nehemías. Él acusó al rico en su cara de la usura exigente de sus propios hermanos (5:7), es decir arreglando cosas con el único objetivo de obtener dinero de ellos (comentaristas y traductores sufren aquí, pero este es claramente el corazón del sentido) y, dijo Nehemías, que tiene que pararse. Él formalmente procesó a estos financieros en una reunión pública a la que pidió que asistieran (5:7b-8). Allí él dio un discurso que dijo dos cosas, como sigue:

Primero, el trato financiero del rico con sus compatriotas era antisocial, inhumano, contra la política pública, y por todos estos motivos deshonraba a Dios. Muchos judíos durante los años habían sido vendidos como esclavos a no judíos, y ya que Nehemías llegó cuando la acción de gobernador había sido iniciada para recuperar y repatriarlos. "Hasta donde nos ha sido posible, hemos rescatado a nuestros hermanos judíos que fueron vendidos a los paganos" (5:8). La nobleza, sin embargo, estaba todavía ocupada en la trata de esclavos, por lo visto vendiendo a personas que les habían sido puestas en prenda por la esclavitud por familias quebradas en la manera ya descrita. "¡Y ahora son ustedes quienes venden a sus hermanos, después de que nosotros los hemos rescatado!" (5:8). En otras palabras, compradas con el gasto público, sin duda por impuestos recaudados para ese objetivo; así la trata de esclavos, que hizo al rico más rico, hacía la comunidad más pobre. Los no judíos, tanto aquellos que compraron a esclavos de la nobleza como aquellos que no lo hicieron, sabían que los judíos, siendo llamados a la hermandad como miembros de una familia, no debían el uno al otro venderse en esclavitud; era un testimonio muy malo, deliberado para inducir la burla y el desprecio, y así deshonrar al Señor divino de Israel. "Lo que están haciendo ustedes es incorrecto. ¿No deberían mostrar la debida reverencia a nuestro Dios y evitar así el reproche de los paganos, nuestros enemigos?" (5:9) -la gente como Sambalat y Guesén, para comenzar. A todo esto no había, desde luego, ninguna respuesta; por lo tanto, los ricos "se callaron" (5:8) mientras Nehemías desplegó sus defectos.

Segundo, el empobrecimiento de los que ya son pobres debe cesar y debe ser sustituido por la generosidad positiva fraternal. "¡Quitémosle esa carga de encima! Yo les ruego que les devuelvan campos, viñedos, olivares y casas, y también el uno por ciento [¿por año? ¿por mes? no sabemos, y esto no importa]" (5:10-11). Ya no cobren interés, dice Nehemías -los judíos no deberían pedir el interés de sus paisanos judíos de todos modos (Dt. 23:19)- y tengamos un jubileo, aquí y ahora, en el cual toda la propiedad hipotecada y confiscada, junto con todo el interés incorrectamente extorsionado, vuelve a aquellos de quienes vino (ver Lev. 25:10-13, 47-54).

Por ahora, uno imagina, la muchedumbre aclamaba, y la nobleza fue dejada sin opción, pero aceptar formalmente y bajo juramento el arreglo que Nehemías había propuesto (5:12). Entonces Nehemías maldijo a cualquiera que rompiera su juramento: "Toda la asamblea respondió: 'Amén,' y alabaron al SEÑOR. Y el pueblo [la nobleza y los funcionarios] cumplió lo prometido" (5:13). De la noche a la mañana, la hermandad y la ayuda del rico al pobre sustituyó la ética de negocio de asesina, y el amor al prójimo tomó el lugar de lo que Karl Marx habría descrito como la lucha de clases entre el proletariado y la burguesía. Otra vez el liderazgo sabio e imperioso de Nehemías había salvado el trabajo de reconstruir el muro; otra vez frustraron a Satanás, Dios tuvo el honor, y su gente fue bendita.

¿Pero dónde en todo esto entra el presunto plan de Satanás de rebajar a Nehemías por la incriminación? La conjetura racional conduce a la hipótesis siguiente:

El objetivo de Satanás desde el principio era desacreditar el liderazgo de Nehemías y así impedir la construcción de los muros y que la gloria de Dios en Jerusalén se hiciera una realidad. Con este fin, él removió las protestas como lo hizo a fin de atravesar a Nehemías con los cuernos de un dilema y derribarlo independientemente de la acción que tomara. Se esperaba que Nehemías, enfrentado con la protesta enérgica, razonara así: si, por una parte, no hago caso de este escándalo, o trato de evitarlo, mi liderazgo se perderá; seré desacreditado para esquivar la cuestión. Pero si, por otra parte, me muevo contra el escándalo, mi liderazgo también se perderá, ya que tendré que confesar que desde la llegada a Jerusalén también he practicado la usura (préstamo con interés, o al menos con una exigencia de fianza en alguna forma). Sin duda Nehemías había hecho esto de buena fe, intentando ayudar a la gente, y sin darse cuenta totalmente como las situaciones de deudas en Jerusalén tendían a intensificarse (después de todo, él había estado sólo allí un poco más de un mes). Pero permanecía el hecho de que él lo había hecho, y Satanás esperaba que su conocimiento de haberlo hecho lo hiciera transigir y sentirse incapaz de tomar la acción firme porque él se incriminaría así. Y sin duda Satanás esperaba además que si el conocimiento de la participación de Nehemías en el comercio de empobrecimiento salía a la luz, esto traería de hecho a un final su moralidad y liderazgo espiritual en la comunidad provocando una repulsa general contra él.

Lo que Nehemías realmente hizo era tanto sabio como valiente. En el curso de su discurso él francamente admitió lo que él había hecho e inmediatamente había pedido un cambio, implicando que él mismo sería el primero en hacerlo. "Mis hermanos y mis criados, y hasta yo mismo, les hemos prestado dinero y trigo. Pero ahora, ¡quitémosles esa carga de encima!" (5:10). Lejos de evocar repulsión, el gesto de Nehemías realzó su crédito moral: aquí hablaba un hombre honesto y de buen corazón, uno que estuvo preparado a admitir sus errores de juicio y fallas de sabiduría y cambio beneficioso. Es quizás comprensible que una criatura malvada como Satanás no esperaría que la confesión de un líder levantara su imagen de esta manera, pero sucedió entonces, como puede suceder ahora. "Los líderes cometen errores," escribe John White. "Lo que marca a líderes piadosos es la disposición de tratar con los errores abiertamente, aplicando el mismo criterio a ellos como a otros. Nunca se acobarda para hacerlo. Usted puede encontrarlo embarazoso. Pero este es el camino honesto a la libertad."[1] Sí, en efecto.

Tercero, *el ejemplo que Nehemías puso* (5:14-19). Aquí, muy apropiadamente, como una especie de apéndice a la narrativa que acaba de terminar, Nehemías incluye una sección de seis versículos que muestra a que distancia del egoísmo o del triunfo de su propia jerarquía de los privilegios o "beneficios" de su oficio él realmente estaba. Por el período de doce años, nos dice, él procuró seguir el principio que Karl Marx posteriormente formuló como "de cada uno según su capacidad; a cada uno según su necesidad" - que es otra cosa, desde luego, que una forma de deletrear el amor al prójimo en términos socialistas. Nehemías no era ningún socialista, pero él era un filántropo de estatura, como muestran estos versículos. A lo largo de su cargo de gobernador, escribe Gordon McConville,

> él renunció a la concesión de alimento del gobernador, que era un impuesto sobre la gente (v. 14)... él rechazó explotar a la gente (v. 15), en contraste con sus precursores... él no adquirió ninguna tierra, probablemente muy insólito entre funcionarios de la época... (v. 16). Está claro que la política honesta le cuesta a Nehemías. Los versículos 17-18 dan una vislumbre de las demandas diarias sobre su hospitalidad, en parte ocasionada por sus responsabilidades diplomáticas como el gobernador, y en parte, parece, accedió a simplemente de su generosidad. Los motivos de Nehemías en la interpretación así eran su temor de Dios (v. 15), que significa simplemente que él actuó movido por la conciencia de lo que era apropiado para alguien que adoraba a Dios, y la compasión (b) por el sufrimiento de la

> gente (v. 18). Sus motivos para narrarnos sobre ello pueden ser similares a aquellos del apóstol Pablo, que, insistiendo fuertemente en su derecho de compartir en el bienestar material de aquellos entre quien él trabajó (1 Cor. 9:8ss), renunció a aquel derecho no sea que su motivación fuera puesta en entredicho (1 Cor. 9).[2]

Este es el comentario justo y exacto. Nehemías vino a Jerusalén en la llamada de Dios para mejorar la parte del pueblo de Dios, y su modo de pensar en todas partes era el de un pastor y un siervo. Él era avaro, no, como tantas personas superiores demuestran ser, por el dinero, el sexo, y el poder, sino por ver la gloria de Dios en Jerusalén, y esta avaricia santa lo mantuvo sensible para parecer nunca estar demasiado ocupado como lo llevaba a reconstruir los muros de Jerusalén, reestablecer la adoración de Jerusalén, y el nuevo orden de la vida de Jerusalén. Después de su imprudencia inicial en el préstamo del dinero con garantías en un modo que probablemente haría al pobre más pobre, él hizo todo lo posible para asegurar que todo lo que él y su personal hicieron beneficiaría la comunidad económicamente deprimida a la cual él había venido para ayudar, y como parte de aquel objetivo él a conciencia mantuvo su establecimiento con fondos de otras fuentes más bien que imponiendo los impuestos del gobernador. Así un ejemplo impresionante de fraternidad fue puesto por el hombre que estaba en lo alto. Registrando esto, Nehemías añade la oración que se formó en su corazón cuando escribió: "¡Recuerda, Dios mío, todo lo que he hecho por este pueblo" (5:19). Él no reclamaba el mérito, pero profesaba la sinceridad en otros que sirven para el bien del Señor. Su registro le dio derecho a orar en estos términos.

"Siempre ha existido una elite verdadera de líderes de Dios," escribe John White. "Ellos son los mansos que heredan la tierra (Mt. 5:5). Lloran y oran en secreto, y desafían la tierra y el infierno en público. Tiemblan cuando se enfrentan con el peligro, pero mueren en el trayecto antes que volver atrás. Parecen a un pastor que defiende a sus ovejas o una madre que protege a sus hijos. Se sacrifican sin quejas, dan sin hacer cálculos, sufren sin quejarse. A los que están bajo su cuidado dicen, 'vivimos si ustedes actúan bien.' Su precio es superior al de los rubíes. Y Nehemías era uno de ellos."[3]

Si nuestra interpretación de los capítulos 5 y 6 es correcta, Satanás no dejó a Nehemías en paz después de que el primer intento de destruir su liderazgo había fallado. El capítulo 6 cuenta de tres estratagemas más apuntadas a su derrocamiento, implicando esta vez el triunvirato oscuro de Sambalat, Tobías, y Guesén. Veamos el relato de Nehemías de lo que pasó después.

> Sambalat, Tobías, Guesén el árabe y el resto de nuestros enemigos se enteraron de que yo había reconstruido la muralla, y de que se habían cerrado las brechas (aunque todavía no se habían puesto las puertas en su sitio). Entonces Sambalat y Guesén me enviaron este mensaje: «Tenemos que reunirnos contigo en alguna de las poblaciones del valle de Ono.» En realidad, lo que planeaban era hacerme daño. Así que envié unos mensajeros a decirles: «Estoy ocupado en una gran obra, y no puedo ir. Si bajara yo a reunirme con ustedes, la obra se vería interrumpida.» Cuatro veces me enviaron este mensaje, y otras tantas les respondí lo mismo. La quinta vez Sambalat me envió, por medio de uno de sus siervos, el mismo mensaje en una carta abierta, que a la letra decía:
>
> «Corre el rumor entre la gente —y Guesén lo asegura— de que tú y los judíos están construyendo la muralla porque tienen planes de rebelarse. Según tal rumor, tú pretendes ser su rey, y has nombrado profetas para que te proclamen rey en Jerusalén, y se declare: "¡Tenemos rey en Judá!" Por eso, ven y hablemos de este asunto, antes de que todo esto llegue a oídos del rey.»
>
> Yo envié a decirle: «Nada de lo que dices es cierto. Todo esto es pura invención tuya.»

En realidad, lo que pretendían era asustarnos. Pensaban desanimarnos, para que no termináramos la obra.

«Y ahora, Señor, ¡fortalece mis manos!»

Fui entonces a la casa de Semaías, hijo de Delaías y nieto de Mehitabel, que se había encerrado en su casa. Él me dijo:

«Reunámonos a puerta cerrada
en la casa de Dios,
en el interior del templo,
porque vendrán a matarte.
¡Sí, esta noche te quitarán la vida!»

Pero yo le respondí:

—¡Yo no soy de los que huyen! ¡Los hombres como yo no corren a esconderse en el templo para salvar la vida! ¡No me esconderé!Y es que me di cuenta de que Dios no lo había enviado, sino que se las daba de profeta porque Sambalat y Tobías lo habían sobornado. En efecto, le habían pagado para intimidarme y hacerme pecar siguiendo su consejo. De este modo podrían hablar mal de mí y desprestigiarme. «¡Dios mío, recuerda las intrigas de Sambalat y Tobías! ¡Recuerda también a la profetisa Noadías y a los otros profetas que quisieron intimidarme!»

(Nehemías6: 1-14)

Intriga

Del punto de vista de aquellos que Nehemías llama "nuestros enemigos" (6:1) la situación era ahora casi desesperada. Su objetivo desde el principio había sido impedir que Jerusalén se volviera una ciudad fortificada una vez más, y ya los muros estaban completos. Sólo faltaba poner las puertas en su sitio, una gran tarea, sin duda, para lo cual se necesitaba poner andamio especial y equipo para levantarlas, y las puertas especialmente fabricadas. A Sambalat y compañía les quedaba poco tiempo, por lo tanto, para frustrar el trabajo, y es fascinante mirar como ellos lo usaron. El derrocamiento de Nehemías personalmente tuvo que ser su objetivo, porque nada menos podría parar la culminación de su proyecto. ¿Pero cómo podría esto ser hecho? Tres ideas ingeniosas fueron intentadas.

La confabulación 1 podría ser descrita como el béisbol político. Sambalat y Guesén extendieron una cortés, hasta dulzona invitación a Nehemías para asistir a una consulta de alto nivel en territorio neutral. "Tenemos que reunirnos contigo en alguna de las poblaciones del valle de Ono" (6:2), es decir, a mitad de camino entre Jerusalén y Samaria. Como el doctor Boice indica, el gesto pareció a un discurso donde el perdedor reconoce su derrota en una campaña política. "Nehemías, no tiene caso fingir que no hemos estado opuestos a tu proyecto. Hemos estado... Pero has tenido éxito a pesar de nosotros, y ahora nada ganamos al continuar nuestra oposición. Sea lo que sea, vamos a tener que vivir juntos, tú como el gobernador de Jerusalén y nosotros como gobernadores de nuestras propias provincias. Entonces vamos a ser amigos. Lo que necesitamos es una conferencia en la cumbre."[4] El reconocimiento aparente del éxito de Nehemías era lisonjero, y la invitación de calcular un modo de vivir juntos sonaba ventajosa y fascinante. La adulación y la ventaja imaginada hacían siempre una combinación potente para cambiar de opinión la gente; en el negocio y en la política, la gente incauta tiene su juicio desviado por tales medios todo el tiempo. Pero la opinión de Nehemías no cambió, como muestra su respuesta a la invitación.

"Ellos planeaban hacerme daño," escribió Nehemías. ¿Cómo sabía él esto? ¿Tenía él un sistema de espía en el lugar? ¿O era que simplemente sumó dos y dos -su conocimiento previo de los hombres que le invitan y su conciencia de que los leopardos no cambian sus puntos, más su observación sobria que el valle de Ono, el viaje de un día entero de Jerusalén, estaba sobre el borde de los territorios hostiles de Samaria y Asdod, y su conciencia de cómo fácilmente arreglan la violencia en pueblos- y concluyó, cuando él sumó estas cosas, que dos y dos hace realmente suman cuatro? Sin duda él tuvo razón de sospechar un complot de asesinato; sin duda el comunicado triste a Jerusalén -"sentimos mucho tener que decirle que hubo un accidente desafortunado, y lamentablemente Nehemías está muerto"- había sido ya redactado. Cuatro veces, sin embargo, Nehemías rechazó la invitación (6:4); entonces el complot se volvió nada.

Pero note como él expresó su respuesta negativa. Esta era, desde luego, política, y en la política nada poco político que podría ser citado contra usted debería ser alguna vez dicho. Entonces Nehemías no se refirió a sus sospechas hacia la buena fe de los proponentes.

Evitando la lengua del insulto inflamatorio, él simplemente declaró: "Estoy ocupado en una gran obra", y no puedo permitirme los tres o más días (dos al menos para viajar, y uno al menos para hablar) que la conferencia tomaría (6:3). ¿Esta era simplemente una excusa evasiva? No, no era. Era, más bien, una invocación de las propias prioridades verdaderas, dadas por Dios del portavoz. Era una respuesta sabia que reveló una vez más la capacidad de decir "No" a distracciones que fue un rasgo tan marcado del carácter de Nehemías. Aunque su capacidad de concentrarse fuera en parte al menos, sin duda, un atributo de naturaleza, esta determinación centrada por Dios, orientada por el objetivo fue seguramente sostenida por la gracia, y el papel de liderazgo de Nehemías lo requirió. Como ninguna cantidad de teoría ayudará a un golfista aspirante que no mantiene su ojo sobre la pelota, de la misma manera ninguna cantidad de sabiduría hará un líder si uno no puede mantener la prioridades de alguien constantemente a la vista. Nehemías sabía desde el principio que Dios y Artajerjes -Dios por medio de Artajerjes es como él lo habría puesto- le habían enviado a Jerusalén en el primer caso para reconstruir sus muros, y nada se iba a oponer en el camino que le impidiera llevar a cabo el trabajo tan pronto como fuera posible. Tal era su actitud en el comienzo, y lo siguió siendo a medida que la tarea se acercó a la finalización. Y es evidente que su respuesta negativa decidida para nunca ser distraído fue a lo largo de sus años en Jerusalén una fuente de enorme fuerza.

John White habla extensamente del punto adicional que las conversaciones consiguen poco cuando los objetivos de los conversadores divergen (como los de Nehemías y Sambalat seguramente lo fueron). White ilustra esto a partir de los días cuando la presión ecuménica fue puesta sobre él, como el presidente de su universidad cristiana Union, el cuerpo afiliado al Compañerismo de Inter-Varsity (ahora, en Gran Bretaña, Fraternidad de Universidades y Colegios cristianos), dialogar de colaboración, quizás por la unión, con el Movimiento cristiano Estudiantil, un cuerpo preparado a promover la proposición "Que las religiones del mundo son compatibles" en el debate público.[5] La reminiscencia de White me recordó que una generación antes, habían pedido al finado Fred Crittenden, el nuevo iniciador de la Unión Intercolegial Cristiana de Oxford en los años veinte, dialogar de modo similar con líderes S.C.M., quizás eliminar el O.I.C.C.U. naciente de la escena, y lo oí contar como él había enmarcado su respuesta como "O no" y había usado este pasaje en Nehemías para justificar su respuesta negativa. Aquellos comprometidos a la extensión de un cristianismo totalmente bíblico naturalmente sienten el eco de Nehemías "Estoy ocupado en una gran obra" en sus propios corazones encuentran constantemente el diálogo con adherentes de algo menos estéril y enredado. Podemos aprender a apreciar de este punto de vista también la sabiduría en la que Nehemías mostró al no tomar tiempo para conversaciones con Guesén y Sambalat.

Insinuación

La quinta vez que Sambalat invitó a Nehemías a consultar en Ono, el ayudante que trajo la invitación tenía con él una carta abierta que acusó a los judíos de planear rebelarse contra Persia y hacer a Nehemías su rey. Esto terminó con una amenaza: "Ven y hablemos de este asunto, antes que todo esto llegue a oídos del rey [Artajerjes]" -Sambalat quiere decir, se lo enviaré- (6:6-7). Esta era política despiadada. La carta abierta habría sido leída muchas veces, como en efecto se propuso que fuera, sobre su viaje de Samaria a Jerusalén, y el chisme infundado pero muy perjudicial que contenía estaba ya en el extranjero. Quizás su contenido estaba ya de camino a Susa. Había así más que una indirecta aquí que Nehemías podría necesitar pronto la protección de Sambalat; por esta razón sola ellos deberían reunirse para hablar. La frase "y Guesén lo asegura" ha sido descrita como la doctrina de la Biblia del rumor, y seguramente ilustra el carácter constante del rumor en este mundo; porque los rumores con regularidad citan a personas de distinción como fuentes de la información que desacredita a otras personas distinguidas o los pone en apuros, y es; exactamente lo que vemos que ocurre en este caso. Los rumores se esparcen como el fuego incontrolable, porque a los seres humanos caídos les gusta saborear la información deshonrosa el uno del otro, y los desmentidos de los rumores casi nunca son creídos. ¿Qué puede uno entonces hacer si uno encuentra, como Nehemías, que rumores malévolos circulan sobre uno?

Nehemías hizo las dos únicas cosas posibles: él negó el rumor en términos bruscamente normales a Sambalat, su fuente (6:8); y él oró: "Ahora, Señor, fortalece mis manos" (6:9). En otras palabras, él pidió a Dios que le permitiera no hacer caso del chisme y concentrarse en seguir adelante, como inspirador, organizador, y supervisor, hasta que la reconstrucción fuera realmente completada. Él reconoció que el verdadero objetivo del rumor era desmoralizarlo tanto a él como a la gente con el miedo de lo que Artajerjes podría hacer ahora si ellos siguieran adelante y terminaran el muro, de modo que después de todo ellos decidieran deliberadamente no terminarlo. Por lo tanto él oró por la energía suplementaria para contrarrestar aquel miedo, tanto en su propio corazón como en los corazones de las personas, y conducir a los constructores con éxito por la última etapa de su tarea. Claramente, él resolvió a no preocuparse de su reputación, o como el rey podría reaccionar al libelo de Sambalat (si en efecto hubiera sido enviado; Sambalat, después de todo, podría haber estado engañando). Estos eran asuntos más allá del control de Nehemías, que él debe dejar en las manos de Dios.

Para vivir pacíficamente, trabaja constantemente, y dirige enérgicamente a pesar de la incertidumbre de no saber si Artajerjes recibiría la denuncia de Sambalat, y si él lo creería, y si él hiciera, si él destituiría a Nehemías mandándolo decapitar, pidiera la gran gracia. Pero cuando los siervos de Dios que se encuentran en problema humildemente siguen con el trabajo que Dios les ha dado para hacer, la gran gracia es con regularidad dada. A uno sólo le queda encomendar la causa a Dios y abrazar la seguridad que él le justificará al final, sin importar lo que pase a corto plazo. Nehemías encontró que era así, y el trabajo continuó.

Intimidación

La tercera astucia de Satanás contra Nehemías, arreglado, como Nehemías más tarde discirnió, mediante Tobías y Sambalat, tomó la forma de la seducción espiritual, es decir, que fue un intento de atraerlo por el miedo y el miedo de irreflexión induce a cometer el pecado de sacrilegio. Nehemías fue convocado a la casa de un supuesto profeta de nombre Semaías, quién le presentó como la revelación de Dios un oráculo que decía: "Vendrán para matarte. ¡Sí, esta noche te quitarán la vida!" Semaías insistió que ellos debieran esconderse en el templo, donde no se permitía la entrada a laicos como Nehemías, y donde en cualquier caso ninguna regla del santuario funcionaba como sucedía en muchos templos paganos entonces (6:10). Si Nehemías hubiese salido en desbandada para tomar esta acción ilegal e inútil él habría sido seguramente desacreditado, pero su sentido de vocación como gobernador de Israel, guía, y consejero, más, sin duda, su sentido de estar bajo la protección de Dios ya mientras él llevaba a cabo el trabajo de Dios, le impidió infundir pánico y apuntó una respuesta negativa directa de la sugerencia de Semaías. " ¡Yo no soy de los que huyen! ¡Los hombres como yo [en mi posición] no corren a esconderse! ¡No me esconderé!" (6:11).

Aquí, como en otras ocasiones, Nehemías mostró gran valor; una cualidad que ha sido bien definida no como una ausencia de miedo, sino como una resolución para hacer lo que se sabe que es correcto por más que nos sintamos con miedo, desequilibrados, o lastimados. Echando un vistazo atrás a la admisión de Nehemías que cuando Artajerjes preguntó cuál era su problema era "yo sentí mucho miedo" (2:2), John White comenta: "Él probablemente experimentó el miedo muchas veces en su vida, pero en el principio de la historia estableció el hábito que más tarde le sirvió mucho: avanzar a pesar del temor. Fue en ese momento que se inscribió en la escuela de valor de Dios."[6] Por Dios él se comportó en todas partes como un hombre valiente. Vimos su valor moral en su confesión pública del préstamo antisocial; ahora vemos el valor comparable físico en su respuesta a Semaías.

Aclaremos que tal valor no es, y nunca era, natural. Algunas personas poco imaginativas son naturalmente insensibles al peligro, pero la valentía que toma riesgos para Dios, sabiendo lo peligroso que son, no es natural: es el propio don de Dios y tiene una fuente sobrenatural. Los cristianos localizan esta fuente en el entendimiento de la cruz de Cristo, enseñado por espíritu, del cual el himno correctamente dice:

Inscrito sobre la cruz vemos
En letras brillantes: "Dios es amor";
Él lleva nuestros pecados sobre el árbol;
Él nos trae la misericordia desde arriba.
¡La cruz! quita nuestra culpa;
Sostiene el espíritu que desmaya;
Aclama con esperanza el día sombrío,
Y endulza cada taza amarga.
Hace que el espíritu cobarde sea valiente,
Y arma el brazo débil para la lucha;
Quita el terror de la muerte de la tumba
Y dora la cama de muerte con la luz.

En culturas donde los cristianos activos son vistos como una minoría excéntrica, y se les opone de vez en cuando en nombre de la prudencia y el sentido común, el valor modelado por Nehemías y muchos personajes bíblicos más con él es una gracia que debe ser buscada constantemente; ya que no podemos conducirnos sin ella, y la naturaleza sola no lo suministrará.

También, deberíamos notar que Nehemías aquí mostró gran discernimiento. Él vio el engaño de Semaías inmediatamente y se dio cuenta "de que Dios no lo había enviado, sino que se la daba de profeta porque Sambalat y Tobías lo habían sobornado. En efecto, le habían pagado para intimidarme y hacerme pecar" (6:12-13). Cuando los entendidos de arte identificarán el Greco o Van Gogh por su estilo, así Sherlock Holmes una vez identificó un delito complejo como "un Moriarty," queriendo decir que esto llevaba las señales de aquella mente de criminal maestra. Y del mismo modo, Nehemías fue capaz de identificar la acción de Semaías como "Tobías y Sambalat", precisamente la clase de cosa que este par haría. El discernimiento puede ser definido como la capacidad de ver lo que usted ve y lo evalúa por criterios apropiados. El discernimiento espiritual es un asunto de percibir las calidades, tendencias, y fuentes probables de ofertas y políticas que se relacionan con Dios y su reino. Aunque tal discernimiento pueda tener una base en la habilidad natural, esto se realiza sólo por una sintonía constante con Dios y un hábito de preguntarse uno mismo en cada punto en la vida lo que redunda para su gloria (es decir su propia auto expresión y la apreciación de sus criaturas y adoración de él). Hacer esta pregunta aparece como el hábito constante de la mente de Nehemías, y podemos decir con seguridad que su capacidad de ver al corazón de las cuestiones y descubrir husmeando las estratagemas de sus opositores era un producto derivado de ello enseñado por Dios. En nuestro día las confusiones espirituales abundan (y seguramente siempre ha sido así): para nosotros, por lo tanto, en cuanto a Nehemías, y para todas las almas fieles desde su tiempo, el discernimiento espiritual es una necesidad principal, que la naturaleza sola no suministrará, y que por lo tanto debe ser buscado de Dios a través de la piedad como un modo y estilo de la vida.

Líderes como objetivos

Con la guerra de Satanás contra los santos y contra la iglesia, la guerra con la cual la tentación es su método y destrucción su objetivo inmediato, es una ley bastante severa que mientras más alta sea la exposición de alguien y mayor la influencia de alguien como un líder de otros, más serán atacados los estándares personales de alguien y la sabiduría política. Es obvio que deshonrar o distraer al líder es un modo excelente de desalentar, contener, o de otra manera dejar fuera a los seguidores. Los líderes tienen algo de la calidad del flautista de Hamelin: se piensa de ellos como sabios y con visión de futuro, y la gente confía en su juicio y sigue en sus pasos; así que si ellos pueden ser atraídos desviaciones y callejones sin salida, ellos tomarán muchos con ellos, y Satanás marcará muchos puntos. También, los líderes viven en una especie de pecera, de modo que cuando los escándalos de liderazgo estallan, el daño y el desaliento serán en gran escala y extendidos. En el Nuevo Testamento, las cartas de Pablo a Timoteo y Tito, que llamamos las pastorales porque su tema es el papel del líder pastoral, concentrado no sobre las habilidades que se pueden aprender, sino sobre las calidades de celo, bondad, firmeza, y sabiduría que el líder debe mantener y modelar. Esto es porque Pablo está tan consciente "de la trampa del diablo" (1 Tim. 3:7; 2 Tim. 2:26) puestas para aquellos que dirigen. La historia de Nehemías, como hemos visto, ilustra su punto en abundancia.

La guerra espiritual implica a todos los cristianos, y el pasaje clásico (Ef. 6:10-18) en que Pablo habla en términos del soldado de infantería de los recursos que Dios da para este conflicto está dirigido a creyentes. Claramente, sin embargo, tiene una importancia especial para los líderes. Que necesario es que un líder se mantenga "ceñido con el cinturón de la verdad", la "verdad" que aquí es la verdad revelada de Dios en la Sagrada Escritura generalmente y en el evangelio de Cristo en particular. Que importante es que un líder esté "protegido por la coraza de justicia", "justicia" que aquí significa lo que Pablo en otra parte llama "buenas obras," es decir verticalidad e integridad de la vida en pacto con Dios. Que vital es, también, que un líder debería tener "calzado con la disposición de proclamar el evangelio de la paz", "disposición" significando aquí la maniobrabilidad, la capacidad para correr, para brincar, para adaptarse, y cambiar rápidamente de posición, o sea mantenerse firme, estable, equilibrado, y listo al contraataque, según lo que la acción del enemigo requiere. Que crucial es que un líder debería llevar y usar "el escudo de fe, con el cual puedan apagar todas las flechas encendidas del maligno", estas "flechas" que son pensamientos que encarnan la duda, la desesperación, la incredulidad, la falta de fe, la lástima de sí mismo, la irresponsabilidad, amargura contra Dios, y malicia contra la gente. Que indispensable es que un líder debería hacer proteger su cabeza con "el casco de salvación", "salvación" que aquí significa el placer consciente, seguro de amar el compañerismo con Jesús el Salvador, y su mano que maneja "la espada del Espíritu, que es la palabra de Dios", "espada" que significa aquí aquello con que usted ahuyenta al enemigo, como Jesús ahuyentó a Satanás en el desierto citando de la Ley de Moisés sobre la misericordia verdadera y comprometiéndose a vivir por las palabras que él citó (Mt. 4:1-11).

Uno de los clásicos de comedia de situación de la TV internacional fue *Dad's Army* (El ejército de Papá), una afectuosa parodia de la Guardia Nacional, fuerza de defensa británica aficionada contra la invasión durante la Segunda Guerra Mundial. Una de las coletillas de la serie perteneció al miembro más viejo de la tropa, tambaleante solemne quién a veces de la tensión gritaría: "¡Que no cunda el pánico! ¡que no cunda el pánico!" Esas son las palabras para terminar este capítulo; es el equivalente de la frase de la Biblia a menudo repetida "no tengan miedo," o "no teman". Satanás a través de sus agentes, diabólicos y humanos, asalta a todos los cristianos, y a los líderes, parece, más ferozmente; todos los cristianos, por lo tanto, y los líderes sobre todo, deben aprender a orar con Nehemías: "Ahora, Señor, fortalece mis manos" (6:9); no solamente para el ministerio constructivo, correspondiente a la construcción del muro de Jerusalén, sino también para el combate mortal, correspondiente a la secuencia de medidas defensivas contra los enemigos de Jerusalén (quienes dijeron: "...los mataremos," 4:11; "planeaban hacerme daño," 6:2). Cuando esta es realmente la oración de nuestros corazones, entonces el resultado del conflicto está asegurado, para líderes no menos que para otros agarrados en la lucha. Aquellos que buscan la fuerza de Dios la encontrarán. El resultado será la salvación, no la destrucción: frustrarán a Satanás y la iglesia será edificada, y Dios por cuya ayuda todo el trabajo es hecho será glorificado.

6

Tiempos de refrigerio

Este capítulo da una vista panorámica de todo lo registrado desde la finalización del nuevo muro de Jerusalén (6:15) a su dedicación solemne (12:27-43). Así esto cubre mucho terreno, tanto en efecto en la longitud de versículo como ha tomado cinco capítulos de la exposición para cubrir hasta este punto. Hay motivos, sin embargo, que justifican la toma de este repentino paso acelerado.

Primero, los capítulos 7 al 12 del libro de Nehemías tienen el mismo tema, a saber, la restauración del pueblo judío en la ciudad santa. *Israel vivo otra vez,* para citar el título feliz de un comentario reciente.[1] El tema es tratado en cuatro secciones: establecimiento de la comunidad, 7:l-73a; el aprendizaje de la Ley, 7:73b-8:18; la renovación del pacto, 9:1-10:39; población de la ciudad, 11:1-12:26. Pero este es un solo tema que puede ser comprendido más fácilmente por una descripción que hurgando en la masa de detalles que el texto mismo presenta.

Segundo, nuestro foco de interés en la exposición presente es el propio Nehemías, y de 7:5 a 12:26 él prácticamente deja la historia. Él recibe solamente tres menciones, cada una en la tercera persona como "Nehemías el gobernador" (8:9-10; 10:1; 12:26). Claramente él no era el primer redactor de ninguno de este material, aunque al incorporarlo en sus memorias él lo hace suyo. Nada, sin embargo, se pierde para nuestro entendimiento de

Nehemías por un tratamiento más breve de esta parte de su libro que su propia narrativa ha recibido hasta entonces (y recibirá otra vez cuando se resume en 12:27).

Tercero, estos capítulos se llenan con listas de nombres, de los cuales más de 250 son de personas por otra parte desconocidas. Esta es la clase de material, como fue dicho antes, que un escritor moderno pondría en un apéndice. Esto no significa, desde luego, que estos asuntos nunca fueron de importancia. El censo de familia de exiliados que regresaron en 7:6-73, que Nehemías consultó como una lista de comprobación cuando, como él nos dice: "Mi Dios puso en mi corazón el deseo de reunir a los nobles, a los oficiales y al pueblo, para registrarlos según su descendencia" (7:5), y la lista de sacerdotes que regresaron y subclanes de levitas que es reproducida en 12:1-26 era inmensamente importante en ese tiempo: ellas hicieron posible identificar quién era verdaderamente judío y así una persona apropiada para ser parte de la comunidad de Jerusalén, y también (aún más importante) para ver quién tenía derecho del ministerio del templo, que Dios había restringido a la línea de sangre levítica. De este modo, también, la lista de sacerdotes, levitas, y otros líderes que con Nehemías adjuntaron sus nombres al pacto nacional por la fidelidad a la Ley (10:1-27) de Dios tenía una importancia que puede ser sólo medida por la importancia del pacto mismo en cuanto a las listas honoríficas de levitas y otros líderes religiosos que estuvieron de pie con Esdras (8:4, 7; 9:4-5), su importancia para los primeros lectores de Nehemías será obvia hacia cualquiera de nosotros que celebramos a antepasados que lucharon en Waterloo o Gettysburg o tener a parientes mayores que sirvieron con Montgomery en África del Norte o Nimitz en el Océano Pacífico. Simplemente notar la existencia de las listas es, sin embargo, suficiente para nuestros objetivos presentes, y esto significa que podemos pasar por estos capítulos más rápidamente de lo que uno podría haber esperado.

Dios asume el poder

El tema del libro de Nehemías en total, y quizás deberíamos decir aquí el tema de Esdras-Nehemías como una pareja literaria, es la nueva fundación de Israel como una familia de nación y una iglesia de nación después de la desolación del exilio y casi un siglo de intentos fracasados de poner a Jerusalén sobre sus pies que precedieron al cargo de gobernador de Nehemías. Lo que Esdras-Nehemías nos dice es que complació a Dios por el trabajo de estos dos hombres, Esdras el maestro y Nehemías el organizador, establecer una vez más a su pueblo como su iglesia que adora sobre la tierra en su forma prescrita del Antiguo Testamento. "Hacia el final de estos dos libros los antiguos exiliados han tenido sus estructuras principales, visibles e invisibles, reestablecidas, y su vocación inveterada, ser un pueblo instruido en la ley y separado de las naciones."[2] La reconstrucción de los muros aparece como preparatorio al nuevo ordenamiento de la vida de comunidad alrededor de la liturgia del templo y la práctica de santidad, es decir, pureza -moral, ritual, y racial- al Señor, según los datos concretos de su orden.

Esdras, que no ha aparecido en la historia de Nehemías hasta entonces, pero está a punto de hacerlo, era un sacerdote, un erudito, y un maestro de la Ley (lo que llamaron un escriba, 8:1, 4, 9, 13). Él era también una persona santa, un hombre de devoción excepcionalmente profunda y sensible, como veremos dentro de poco. Artajerjes, siguiendo la política benévola hacia las diversas creencias de todos los monarcas persas, le había enviado a Jerusalén en 458 a.C. para enseñar la ley divina y asegurarse que la adoración en el templo, que había sido reconstruido en 516 a.C., estaba siendo correctamente realizada (ver Esdras 7). Todo lo que sabemos del ministerio de Esdras en la ciudad hasta este punto es que poco después de su llegada él dirigió a los líderes del pueblo en una purga en gran escala de matrimonios mixtos (Esdras 9-10). Desde entonces, aunque él hubiera ganado claramente el respeto como un maestro, como veremos dentro de poco, no parece que su influencia había sido muy grande. Ahora, sin embargo, él está a punto de volver por sus fueros.

Pero ese no es el modo de ponerlo. Ya que en el gran acontecimiento central de la rehabilitación espiritual de Israel, en la cual el papel principal de Esdras fue desempeñado, estaba muy claro desde el comienzo que Dios había asumido el poder y era responsable, y si alguien volvía por sus fueros era él mismo, el Señor. Aquí está la historia.

> Toda la gente se reunió como un hombre en el cuadrado antes de la Puerta de Agua. Ellos dijeron a Esdras el escribano para sacar el Libro de la Ley de Moisés, que el SEÑOR había mandado para Israel.
>
> Tan durante el primer día del séptimo mes Esdras el sacerdote trajo la Ley antes de la asamblea, que fue arreglada de hombres y mujeres y todo quiénes eran capaces de entender. Él lo leyó en voz alta del amanecer hasta el mediodía cuando él afrontó el cuadrado antes de la Puerta de Agua en la presencia de los hombres, mujeres y otros quién podría entender. Y toda la gente escuchó atentamente al Libro de la Ley.
>
> Esdras el escribano estuvo de pie sobre una plataforma alta de madera construida para la ocasión. Al lado de él sobre su derecho puso Mattithiah, el Shema, Anaiah, Uriah, Hilkiah y Maaseiah; y sobre su izquierdo eran Pedaiah, Mishael, Malkijah, Hashum, Hashbaddanah, Zechariah y Meshullam.
>
> Esdras abrió el libro. Toda la gente podría verlo porque el susodicho estaba de pie ante ellos; y cuando él abrió el libro, toda la gente se levantó. Esdras alabó al SEÑOR, gran Dios; ¡y toda la gente levantó sus manos y respondió: "Amén! ¡Amén! " Entonces ellos se doblaron abajo y adoraron al SEÑOR con sus caras a la tierra.
>
> Los Levitas-Jeshua, Bani, Sherebiah, Jamin, Akkub, Shabbethai, Hodiah, Maaseiah, Kelita, Azariah, Jozabad, Hanan y Pelaiah-instruido la gente en la Ley mientras la gente estaba de pie allí. Ellos leían el Libro de la Ley de Dios, aclarando y dando al sentido de modo que la gente pudiera entender lo que estaba siendo leído.

Entonces Nehemías el gobernador, Esdras, el sacerdote y el escribano, y los Levitas que instruían a la gente dijeron a todos ellos: "Este día es sagrado al SEÑOR su Dios. No aflíjasse o llore. " Ya que toda la gente había estado llorando cuando ellos escucharon a las palabras de la Ley.

Nehemías dijo: "Vaya y disfrute de manjar exquisito y bebidas dulces, y envíe unos a aquellos que no tienen nada preparado. Este día es sagrado a nuestro Señor. No apénese, para la alegría del SEÑOR es su fuerza. "

Los Levitas calmaron a toda la gente, diciendo: "Ser de todos modos, para este es un día sagrado. No apenar."

Entonces toda la gente se marchó para comer y beber, enviar partes del alimento y divertirse con la gran alegría, porque ellos ahora entendieron las palabras que habían sido hechas conocidas a ellos.

Durante el segundo día del mes, las cabezas de todas las familias, junto con los sacerdotes y los Levitas, juntados alrededor de Esdras el escribano para prestar atención a las palabras de la Ley. Ellos encontraron escrito en la Ley, que el SEÑOR había mandado por Moisés, que los israelitas debían vivir en cabinas durante el banquete del séptimo mes y que ellos deberían proclamar esta palabra y extenderlo en todas partes de sus ciudades y en Jerusalén: "salga en el país de colina y devuelva ramas de olivos oliváceos y salvajes, y de mirtos, palmas y sombree árboles, hacer cabinas" - como es escrito.

Entonces el pueblo salió y devolvió ramas y se construyó cabinas sobre sus propias azoteas, en sus patios, en los tribunales de la casa de Dios y en el cuadrado por la Puerta de Agua y el que por la Puerta de Efraín. La compañía entera que había vuelto del exilio construyó cabinas y vivió en ellos. A partir de los días del hijo de Joshua de la Monja hasta aquel día, los israelitas no lo habían celebrado como este. Y su alegría era muy grande.

> Día a día, a partir del primer día al último, Esdras lee del Libro de la Ley de Dios. Ellos celebraron el banquete durante siete días, y durante el octavo día, de acuerdo con la regulación, había una asamblea.
>
> Nehemías 8

Cuando digo que Dios asumió el poder, no quiero decir que él no había estado gobernando sobre ellos desde el principio. La declaración de Nehemías que los muros fueron reconstruidos "con la ayuda de nuestro Dios" (6:16) ¡proclama lo contrario de esto! Lo que digo, más bien, es que Dios ahora actuó en un modo que puso a sus propios agentes humanos a la sombra. Para usar la palabra bíblica, él visitó a su pueblo, adelantándose a su atención y haciendo sentir su presencia entre ellos en un modo que no había sido el caso antes. Los momentos de esta clase, cuando las mentes y los corazones son inundados y abrumados por la realidad de Dios en su santidad y gracia, pertenecen a la historia de la mayor parte de los movimientos de avance espiritual, y los días y las semanas juntos de esta experiencia -más, por lo tanto, que solamente momentos aislados- pertenecen a la historia de aquella visitación suprema que llamamos avivamientos. Lo que ocurrió en Jerusalén en el séptimo mes de 444 a.C. era un avivamiento en este sentido, como veremos. Ayudará a nuestro entendimiento de ello, sin embargo, si primero echamos un vistazo otra vez a la situación total desde el punto de vista de Nehemías.

Una tarea inacabada

El trabajo de un hombre bueno nunca está hecho, dice el proverbio, y seguramente así son las cosas en el servicio de Dios. Mientras más usted ha hecho, más ve todavía lo que está pendiente por hacer. Como los pastores saben, completar un desarrollo principal en la vida de una iglesia, uno que ha requerido la máxima motivación y esfuerzo, probablemente con tensión y dolor además, puede sentirse y festejarse como un hito, pero pronto viene a presentarse como no más que un escalón a la siguiente tarea. Un breve respiro sin duda está en orden, pero entonces debemos volver a trabajar otra vez. Cuando usted sube mi montaña favorita galesa, el exterior más alto Snowdonia, por mi ruta favorita, hay dos sitios donde usted está seguro que ve la cumbre delante de usted; pero cuando llega al punto que vio, encuentra que era sólo un pliegue en el terreno, y la verdadera cumbre está todavía una distancia lejos. Es una ilustración buena de como el ministerio cristiano siente en todas sus formas. Es una experiencia conocida que en la vida familiar y en los negocios del mundo las metas y objetivos parecen a cajas chinas -cada una que usted abre demuestra tener otra adentro de ella- y esto es así mayormente en la iglesia.

Hay siempre más por hacer, y el hacerlo, no significa hasta que se acabe la vida. Incluso cuando el estado de nuestra salud limita nuestro hacer a orar, como la vejez comúnmente lo hace, eso sigue siendo verdadero. Sin duda la mayor parte de esto pasó por la mente de Nehemías durante aquel día de septiembre trascendental cuando la última puerta fue puesta en el lugar y el muro fue realmente terminado, porque el trabajo que él había venido hacer a Jerusalén no había terminado; en efecto, apenas había comenzado e iba a requerir de él bastante más esfuerzo aún.

¿Cuál era aquel trabajo? Debía formar, con la ayuda de Dios, una comunidad realmente piadosa, adulta, madura judía en "la ciudad santa" (11:1, 18). Antes de la reconstrucción de sus muros, Jerusalén había sido una ciudad abierta, estropeada, económicamente deprimida, con la moral baja, poco poblada (7:4), y de ninguna manera gloriosa para Dios. Ahora que los muros fueron levantados, los factores humanos en esta situación triste tenían que ser atendidos.

Se necesitaba buen liderazgo de comunidad en lo que llamaríamos el nivel medio de gerencia; así "a mi hermano Hanani, que era un hombre fiel y temeroso de Dios, lo puse a cargo de Jerusalén, junto con Jananías, comandante de la ciudadela" (7:2). Nehemías designaba en puestos clave a hombres fuertes cuyas prioridades correspondían a las de él, cuya vida pública pusiera un ejemplo inspirador, y quien tomaría un poco de la carga administrativa de sus hombros. (¡Y cuán importante es en la iglesia local que los pastores recluten, si ellos no heredan, un equipo de líderes con quien ellos estén de acuerdo, y en cuya influencia y eficacia ellos pueden confiar!)

Otra vez, el sentido que los habitantes de Jerusalén eran una comunidad separada del mundo a fin de ser un modelo para Dios tuvo que ser alimentado y reforzado, comenzando realmente de la nada; así que "les dije, 'las puertas de Jerusalén se abrirán cuando ya haya salido el sol'" (7:3). Hasta bien entrada la mañana cada día el mundo debía permanecer fuera; esto ayudaría a la gente dentro a desarrollar su conciencia de ser diferente, y de ser llamado para ser diferente, solamente porque ellos eran el pueblo de Dios. (¡Y qué importante es que las iglesias cristianas y las familias deberían dedicar tiempo y hacer el esfuerzo para desarrollar esta misma conciencia hoy!)

Finalmente: "la ciudad ocupaba una gran extensión, pero tenía pocos habitantes" (7:4): las familias de los exiliados que habían regresado se habían dispersado por el campo para a duras penas vivir como pequeños terratenientes, y una nueva población tuvo que ser reclutada. (¡Y qué importante es que las iglesias locales lleven a cabo la tarea de evangelización, de modo que el banquete de boda de Cristo pueda estar lleno de invitados!)

Había en efecto mucho por hacer.

Y la oposición doméstica estaba todavía allí, ahora alrededor de Tobías. Nehemías describe como había sido aquella oposición durante las siete semanas de la vertiginosa edificación del muro. "En aquellos días los nobles de Judá se mantuvieron en estrecho contacto con Tobías, pues muchos judíos estaban aliados con él" (tanto él como su hijo se habían casado con personas de la aristocracia); "... en mi presencia hablaban bien de mí, pero luego le comunicaban todo lo que yo decía. Tobías, por su parte, trataba de intimidarme con sus cartas" (6:17-19). La percepción, la piedad, la prudencia, y la persistencia de Nehemías le habían permitido hasta ahora superar la oposición de los pesos pesados políticos en el extranjero (Sambalat y Guesén) "y de la quinta columna" en casa (la nobleza subversiva), y también de Tobías, que estaba confabulado con ambos. Ahora que Jerusalén era una ciudad fortificada, con sus puertas cerradas cada tarde, quizás tan pronto como el tiempo de siesta, y las guardias sobre los muros (7:3), era poco probable que Sambalat y Guesén causaran más problemas; pero Tobías era una materia diferente. Él estaba cerca de la gente influyente, que lo veían como un buen compañero; que veían a Nehemías como alguien de inferior clase que ellos. "No uno de nosotros"; los que nunca como un cuerpo se habían entusiasmado con la reconstrucción de los muros (ver 3:5); y que se habían enfadado ahora mucho con Nehemías por restringir sus préstamos y la trata de esclavos y por humillarlos en público. Entonces Nehemías sólo podría esperar que Tobías tiraría y confabularía contra él de manera permanente, y él tenía que prepararse para más conflicto en consecuencia.

(¡Y qué importante es que pastores y líderes pastorales sean igualmente realistas sobre la oposición persistente en las iglesias donde ellos sirven! Cuando proponen al cambio de procedimientos establecidos, habrá siempre quienes se oponen a ello, pensando que será más cómodo si las cosas continúan tal como antes. Cuando los cambios propuestos reducirían el poder y la influencia de alguien, habrá siempre oposición de personas - no necesariamente los sostenedores de poder ellos mismos- quienes piensan que será más cómodo si las cosas siguen como están. Cuando se sugiere o se introduce un avance en el ministerio, habrá siempre unos que se pondrán en contra de ello como inútil o incómodo. La comodidad de una clase u otra en lo que Pierre Berton inquietantemente llama "el banco cómodo,"[3] Una comodidad de la que la somnolencia y la apatía forman una gran parte, es el deseo supremo de muchos en las iglesias, y algo que amenaza con interrumpir su rutina cómoda será resentido. Como la escoria evita que un fuego de carbón pueda dar suficiente calor, así Satanás procura que el factor de escoria con regularidad funcione en fieles, es decir cristianos, que la frialdad, latente o abierta, hacia el liderazgo ponga un apagador sobre el progreso espiritual. Es sorprendente con que frecuencia una congregación servida por un ministro animado tienen en su corazón un grupo insensible de viejos orquestadores que estaban allí antes de que él viniera y cuya preocupación principal ahora es verlo partir. ¡Qué necesario es que los líderes estén preparados para esto, y no esperan nada más!)

Nehemías, con todas estas cosas en su mente, habría estado orando y planeando para las siguientes etapas de la lucha para una Jerusalén piadosa a partir del día que los muros fueron terminados. Lo que realmente pasó cinco días más tarde, sin embargo, durante el primer día de Tisri, era algo que él no podía haber esperado, no más de lo que (realmente, de todos modos) podemos predecir terremotos. Dios irrumpió y en un día hizo más hacia el objetivo deseado de lo que Nehemías podría haber pedido o imaginado.

Una necesidad espiritual

"Al llegar el mes séptimo [Tisri]," leemos, "los israelitas ya estaban establecidos en sus ciudades..." (Es decir, se habían ido a casa después de semanas de acampar en Jerusalén para terminar los muros; compare 4:22) -la frase repite el versículo anterior, una coletilla que el Antiguo Testamento a menudo suele usar para unir las cosas- "Entonces todo el pueblo [volvió del país y] como un solo hombre se reunió en la plaza que está frente a la Puerta de Agua. Y le pidió al maestro Esdras traer el libro de la Ley de Moisés" (7:73b-8:1).

¿Qué era esto?

Era seguramente una ocasión planeada, ya que una plataforma alta de madera había sido construida en preparación para la lectura de Esdras (8:4-5). Y es natural suponer que el planificador era Nehemías. Es fácil imaginarlo anunciando la reunión cuando él envió cada destacamento de su fuerza laboral a casa, "Recuerdan, están de vuelta aquí durante el primer día del mes cuando aprenderemos todos la Ley de nuestro Dios juntos." La necesidad de que cada uno conociera la revelación de Dios de su voluntad y caminos en la Torah (los cinco libros de Moisés) era muy clara y obvia: porque la Ley estaba cerrada en el hebreo mientras toda el pueblo hablaba arameo, y porque no se había hecho ningún intento de escala nacional de enseñar la Ley desde el exilio al menos, la gente ordinaria era profundamente ignorante de su contenido, y la ignorancia hace imposible servir y agradar a Dios. Un programa masivo de educar a la gente en la ley divina era urgentemente necesario.

Lo mismo era verdad en el siglo decimosexto en Inglaterra, cuando Guillermo Tyndale fue al extranjero y arriesgó su vida (que finalmente perdió) a fin de traducir la Sagrada Escritura, y el Arzobispo Thomas Cranmer ancló una copia de la Gran Biblia en cada iglesia de parroquia, y el Rey Eduardo VI designó a media docena de predicadores para ir de arriba abajo en Inglaterra de jornada completa a la exposición de la Biblia y la predicación del evangelio, y los puritanos comenzaron a crear la literatura popular expositiva que hizo tanto para hacer de su Inglaterra la tierra del Libro. Nehemías, uno supone, era consciente de la necesidad de un programa de aprendizaje a partir del día que llegó y planeó esta empresa educativa alrededor de Esdras desde el principio, así empujando al amable predicador erudito al frente para desplegar su maestría como lo que llamaríamos un maestro de Biblia. Un líder bueno admite sus propias limitaciones, aprecia los dones de otros, y sabe pasar el liderazgo a alguien mejor calificado que él para hacer un trabajo particular; y es lo que vemos que aconteció aquí. Nehemías el laico pone a Esdras el erudito como responsable de la empresa de enseñanza en gran escala que él tenía planeada.

Vale la pena observar, antes de que avancemos, que algo parecido a lo que Nehemías vio que era necesario en Jerusalén a mediados del siglo quinto a.C. es igualmente necesario en el occidente moderno. Los padres ya no enseñan a sus niños la Biblia en casa; la predicación en la iglesia es a menudo temática y superficial más bien que expositiva y teológica, y la enseñanza de la escuela dominical es a menudo muy rudimentaria en lo que respecta a la Biblia; y el sistema público educativo, los medios, y la prensa, tanto popular como académica, todos tratan al cristianismo como una carta no reclamada, sólo sobreviviendo como una afición para personas de un tipo insólito. Así no hay la menor parte de estímulo en nuestra cultura para hacerse bíblicamente alfabetizada, y el resultado neto es una generación alarmante y patéticamente ignorante de la Palabra de Dios. Ningún movimiento significativo hacia Dios puede esperarse mientras esto permanece así.

Un deseo espiritual

Una cosa es anunciar una reunión; es totalmente otra cosa que la gente venga. Nehemías debe haberse preguntado que clase de muchedumbre atraería su reunión, en efecto si atraería una muchedumbre en absoluto. No había ninguna garantía que después de sus pocos días en casa los constructores estarían de vuelta en la ciudad en masa para el día de estudio, todavía menos que trajeran a sus familias y amigos; tampoco había ninguna garantía que la minoría cuyas casas estaban en Jerusalén vendría. Pero eso es lo que pasó. Muy de madrugada "todo el pueblo se reunió como un hombre en la plaza que está frente a la Puerta del Agua" -hombres, mujeres, "y otros que eran capaces de entender" (8:1-3)- es decir niños de más edad. Había expectativa compartida, el entusiasmo, y la impaciencia; la gran muchedumbre estaba impaciente por dar comienzo; el deseo de aprender la Ley de Dios estaba consciente, penetrante, y fuerte; el sentido que este iba a ser un maravilloso día traspasó la reunión entera. El pueblo pidió que se comenzara; "ellos pidieron al maestro Esdras traer el Libro de la Ley de Moisés." Imagine un auditorio impaciente en un concierto de rock recogiendo el cántico: "Queremos a Esdras", diciéndolo repetidas veces, más fuerte y más fuerte, y usted logra alguna idea de los sentimientos expresados. Aún en su impaciencia el pueblo estaba serio; ellos no estaban allí por entretenimiento; era como un asunto de negocios. Ellos sabían que este era un tiempo cuando Dios hacía grandes cosas por Israel, y ellos no querían perder ninguna de lo que los Norteamericanos llamarían "las golosinas." En un modo verdadero aunque no enfocado, ellos querían escuchar de Dios.

¿Qué había pasado? En pocas palabras, esto: el Espíritu Santo había trabajado sobre esta gente, dándoles un interés por Dios, una preocupación por las cosas divinas, y un deseo de la bendición de Dios que salió totalmente de lo normal. Verdadera como es la declaración famosa de Agustín que nuestros corazones están inquietos antes de que encuentren el descanso en Dios, los seres humanos caídos no se vuelven naturalmente hacia Dios en su agitación, pero en cambio contemplan otras cosas en busca de alegría. El Espíritu de Dios tiene que generar el deseo activo de Dios y una búsqueda resuelta de él. En la estrategia soberana de Dios para la historia mundial hay tiempos cuando el Espíritu obra con poder particular para remover esta motivación, no solamente en algunos pocos individuos pero en comunidades enteras, y este era uno de esos tiempos.

Otra era de la misma clase sucedió a mediados del siglo décimo octavo, cuando el mundo de habla inglesa a ambos lados del Atlántico experimentó la mayor parte de la acción del Espíritu en el despertamiento de la preocupación espiritual en este nivel inicial. Lo más asombroso en la historia del gran avivamiento internacional que fue provocado y sostenido por la predicación de George Whitefield, Howell Harris, Daniel Rowland, los hermanos Wesley, John Berridge, Guillermo Grimshaw, Jonathan Edwards, los Tennents, Samuel Davies, y muchas luces menores eran el tamaño de las muchedumbres que se juntaron cuando las visitas de predicadores principales fueron anunciadas. Whitefield, con su voz enorme, hermosa, estilo dramático, y poder único de la dirección personal, atrajo los números más grandes, entre diez mil y veinte mil era habitual cuando él predicó fuera; pero todos ellos hablaron a reuniones de miles de vez en cuando. Podemos preguntar, ¿cuál es la fuente de esta preocupación que consume por recibir la predicación, que contrasta tan sorprendentemente con que la mayor parte de nosotros sienten y ven hoy? La esperanza de ser entretenido, el alivio de aburrimiento, o interés ocioso en los intereses de otros no son respuestas suficientes, aunque indudablemente algunos oyentes se pararán en seco en este nivel. Pero la única explicación adecuada consiste en que el Espíritu Santo de Dios trabajaba con poder para despertar un sentido de obligación espiritual, es decir estar al alcance de la voz de Dios, en caso que él tenga algo relevante para decir. Y así es claramente como estaba en Jerusalén "el primer día del séptimo mes" de 444 a.C.

Un ejercicio espiritual

"Esdras... llevó la Ley... Él la leyó en voz alta del amanecer hasta el mediodía ..." (¡cinco o seis horas!). "Y todo el pueblo estaba muy atento a la lectura del libro de la Ley" (8:2-3). Es la declaración sumaria de lo que ocurrió; la narrativa detallada sigue, en 8:4-12. Allí leemos que Esdras, que era el líder de adoración así como el capitán del equipo que enseña, presidió desde su plataforma de púlpito (la palabra hebrea significa "la torre"), bordeado de un partido de plataforma de trece. Cuando él abrió el libro de la Ley: "el pueblo todo se levantó," en un gesto por lo visto espontáneo de reverencia. La adoración comenzó el día: "Esdras alabó AL SEÑOR, el gran Dios. Y todo el pueblo, levantando las manos, respondió, '¡Amén! ¡Amén!' Luego adoraron AL SEÑOR, inclinándose hasta tocar el suelo con la frente."

Después de esto, un grupo de trece levitas entrenados, colocados por lo visto en puntos diferentes en la muchedumbre: "explicaban la ley al pueblo, que no se había movido de su sitio." (Estos, desde luego, eran días antes de que el equipo para hablar en público fuera inventado.) "Ellos leían con claridad el libro de la Ley de Dios, y lo interpretaban de modo que se comprendiera su lectura" (8:8). La tarea era por lo visto doble. Primero, los levitas tenían que traducir del hebreo al arameo, el dialecto se desarrolló del hebreo que se había hecho el lenguaje hablado de Palestina. Esto se podía comparar a la tarea de poner el Quijote de la Mancha en el español moderno. Entonces ellos tuvieron que explicar la aplicación detalladamente, de modo que sus oyentes vieran lo que significaría para ellos en la práctica guardar la ley del Señor. La suposición natural es que Esdras leería una sección y luego haría una pausa mientras los levitas tradujeron y explicaron; entonces él leería una sección adicional, etcétera. Todo esto había sido claramente planeado y ensayado de antemano, y funcionó bien. Los levitas trabajaron para enseñar, la muchedumbre se esforzó por aprender, y, como 8:12 dice, cada uno "comprendió".

Entonces más de cinco horas pasaron, y el pueblo permaneció de pie todo ese tiempo, y sin el descanso para tomar café o algo parecido. La pregunta es, ¿tomaban en serio lo que hacían? parece contestarse sola. Ellos estaban allí porque realmente quisieron aprender la ley, y ellos se esforzaban en hacer solamente esto.

Todas las formas de ejercicio, físico o mental, requieren esfuerzo, y el esfuerzo en actividades que vale la pena nunca debería ser envidiado. Escribe Pablo a Timoteo: "Ejercítate en la piedad, pues aunque el ejercicio físico trae algún provecho, la piedad es útil para todo" (1 Tim. 4:7-8). Una dimensión básica de la educación individual en la piedad se aprende de la Biblia a vivir por la verdad de Dios, y aquellos que no hacen el esfuerzo en ejercitarse en este punto se sentencian a no llegar a la verdadera piedad en muchos puntos. Los judíos en la Puerta del Agua tenían profundamente razón para tomar tiempo para el esfuerzo serio en el primer momento posible para captar la voluntad revelada de Dios.

¡Que diferente, entonces, era la actitud de estos israelitas de la que es común, demasiado común, entre los cristianos modernos occidentales! Es irónico reflexionar en esto en un día cuando la Biblia es el libro más extensamente difundido del mundo, y el estudio de Biblia es alabado por católico romanos así como los protestantes, y los cristianos que hablan español tienen traducciones más buenas, Biblias de estudio, y otras ayudas para entender que cualquier generación anterior, el aprendizaje de los contenidos de la Biblia es una disciplina muy descuidada, y el conocimiento de tales contenidos es una cosa más rara de encontrar, que en cualquier momento desde la Reforma. El problema es triple.

Primero, la crítica bíblica nos dice que no se puede confiar en los datos concretos de la Biblia y por lo tanto no vale la pena aprenderlos, entonces los pasamos por alto. Segundo, la teología liberal nos dice que el cristianismo es esencialmente una moral ética, y el propio énfasis de la Biblia en la doctrina enseñada por Dios, dada para ser aprendido, no ha sido más que un error. (¿Significa que los escritores apostólicos como Pablo y Juan entendieron mal el cristianismo que ellos enseñaron y estaban agarrados del final incorrecto del palo desde el principio? En un sentido importante, sí. La teología liberal requiere esa conclusión.)

Y tercero, nuestra cultura nos dice que aparte de la materia técnica profesional, sólo unas nociones de conocimiento sobre algo son necesarias para salir adelante, de modo que sería bastante ingenuo que el cristiano gastara mucho tiempo aprendiendo detalles de cualquier clase sobre el cristianismo. Pero la verdad es que como el deseo de aprender lo que Dios ha revelado en la Escritura, de modo que podamos servirlo por la respuesta a su Palabra, es dado y animado por el Espíritu, entonces una falta de disposiciones de hacerlo así es apagar el espíritu. Así que si nos preguntamos por qué iglesias modernas Occidentales tan claramente carecen de madurez espiritual y están tan lejos de ver el avivamiento espiritual y hacer un impacto en la sociedad secular de un modo significativo, aquí está al menos parte de la respuesta.

Una experiencia espiritual

En el mediodía, entonces leemos, Nehemías, Esdras, y los levitas "les dijeron: 'no lloren ni se pongan tristes, porque este día ha sido consagrado al SEÑOR su Dios." (8:9). Ya que todo el pueblo había estado llorando cuando escucharon las palabras de la Ley.

¡Llanto! ¿Por qué? A causa del impacto que el entendimiento de la Palabra de Dios hacía sobre sus corazones. El pueblo llora cuando son vencidos con la emoción, y las emociones que causan lágrimas son ocasionados por realizaciones vivas de la realidad particular. La raíz del avivamiento espiritual tanto en individuos como en comunidades (individuos, es decir en la masa) era, es, y siempre será realizaciones vivas de la santidad de Dios, bondad, y misericordia, y de la perversa, vergonzosa, ofensiva, y suicida locura que él ve en nuestros pecados personales. El luto y la pena por el pecado resultarán de ahí naturalmente; y cuando estas realizaciones de la verdad sobre Dios y nosotros están claras y fuertes, los lágrimas pueden fluir muy bien.

El llanto bajo el ministerio de la Palabra nunca ha sido una cosa común, porque esta intensidad de la realización no ocurre a menudo. Los motivos de esto tienen que ver en parte con Dios y en parte con la gente, y entre la gente en parte con predicadores y en parte con los oyentes. El Espíritu Santo, quien solo induce tal realización en corazones de otra manera difíciles, rara vez es invocado de un modo serio por predicadores o por fieles, y demasiado a menudo es obstruido y apagado por la informalidad ensimismada sobre servir a Dios, indiferencia de nivel profundo en cuanto a si lo complacemos, y la desgana profundamente arraigada de hacer frente a desafíos morales y de comportamiento en nuestras vidas. Pero hay tiempos cuando el Espíritu capacita la predicación aplicada a inducir realizaciones extraordinariamente vivas de la grandeza, bondad, y proximidad de Dios, y de la pecaminosidad de nuestro pecado. Aquí, por ejemplo, está un relato dado por un puritano a otro de un servicio de mediados de la semana en el cual él estaba presente, a principios del siglo decimoséptimo.

> El Señor Rogers estaba... sobre el tema de... las Sagradas Escrituras. Y... él cae en una protesta con el pueblo sobre su abandono de la Biblia... él personifica a Dios ante el pueblo, diciéndolos: 'Pues les he confiado mi Biblia tanto tiempo; ustedes la han menospreciado, yace en tal y tales casas toda cubierta de polvo y telarañas; no les preocupa escucharla. ¿Usa usted mi Biblia de ese modo?

> Bien, usted no tendrá mi Biblia más.' Y él toma la Biblia de su cojín, y parece como si se marchara con ella y la alejaba de ellos; pero inmediatamente da vuelta otra vez y personifica al pueblo ante Dios, cae de rodillas, grita y suplica seriamente, 'Señor, independientemente de lo que nos hagas, no nos quites la Biblia; mata a nuestros niños, quema nuestras casas, destruye nuestros bienes; sólo concédenos la Biblia, sólo no nos prives de la Biblia.' Y entonces él personifica otra vez a Dios ante el pueblo: '¿Dicen eso? Bien, los probaré más tiempo; y aquí está mi Biblia para ustedes. Veré como la usan, si la aman más... la obedecen más... la practican más, y viven más de acuerdo con ella.' Por estas acciones... él puso a todos los fieles en una postura tan extraña que... el lugar era un mero Bochim, el pueblo generalmente... inundado con sus propias lágrimas; y... él mismo, cuando se escapó fácilmente estuvo colgado un cuarto de una hora sobre el cuello de su caballo llorando antes de que pudiera montar; una impresión tan extraña estaba allí sobre él, y generalmente sobre el pueblo, habiendo sido reconvenido por el abandono de la Biblia.[4]

La enseñanza dada a la congregación de la Puerta del Agua no implicó el teatro de púlpito de esta clase; pero los encaró con verdades sobre Dios y ellos que no habían enfrentado antes, y a la vez cuando se habían abierto deliberadamente a Dios a un grado insólito. El Espíritu Santo los había movido a tomar en serio su identidad como el pueblo de Dios y buscar su camino para sus vidas, y les había dado una disposición humilde para ser enseñados de la propia Palabra de Dios. Es natural suponer que la realización viva de la santidad, bondad, y proximidad "DEL SEÑOR, el gran Dios" había comenzado a alborear dentro de ellos por la calidad de la oración inicial de Esdras, antes de que la enseñanza comenzara. El propio sentido de Esdras de lo imponente de Dios, siempre presente y obrando con gran bondad y gran severidad ("la mano de Dios protege a todos los que confían en él, pero que Dios descarga su poder y su ira contra quienes lo abandonan," Esdras 8:22), era sumamente fuerte. Leemos esto cuando Esdras primero descubrió cuan extendido y bien estableció estaba el pecado de judíos que se casaban con paganos él rasgó su ropa, arrancó un poco de su pelo, se arrodilló delante del templo, y expresó sobre el nombre de Israel una de las confesiones más conmovedoras del pecado contra el Dios de gracia que puede ser encontrada en la Biblia o en algún otro sitio.

Y luego leemos que "mientras Esdras oraba y hacía esta confesión llorando y postrándose delante del templo de Dios, a su alrededor se reunió una gran asamblea... Toda la multitud lloraba amargamente..." (Esdras 10:1). La ampliación de la realización de el pueblo de la realidad de Dios, y así profundizando sus percepciones de gracia y pecado, es una parte principal del ministerio de algunas personas; era así, por ejemplo, con el finado Martyn Lloyd-Jones, como cualquiera que lo haya oído puede testificar, y parece como si lo mismo fuera cierto de Esdras. Pero sea como fuere, el hecho cierto es que antes del mediodía la asamblea de la Puerta del Agua fue tan abrumada por lo que había aprendido del trabajo y la voluntad de Dios, el Creador santo, que había elegido y salvado y había separado a Israel para ser su gente santa, que estaba en lágrimas, y la enseñanza tuvo que ser detenerse.

"Luego Nehemías añadió: «Ya pueden irse. Coman bien, tomen bebidas dulces y compartan su comida con quienes no tengan nada, porque este día ha sido consagrado a nuestro Señor. No estén tristes, pues el gozo del Señor es nuestra fortaleza.» (8:10). Él, Esdras, y los levitas vieron que el pueblo lloraba de pena y alegría juntos: la pena que ellos habían continuado tanto tiempo sin tener claro lo que complacía y disgustaba a su Dios, de modo que de hecho ellos habían dejado de servirlo correctamente, y la alegría de saber que en vez de echarlos por esto él había enviado misericordiosamente a agentes para restaurar su ciudad y enseñarles su Palabra, de modo que ellos pudieran saber amarlo y servirlo para el futuro. Mientras la pena miró hacia atrás, la alegría miró hacia delante, y los líderes sabiamente juzgaron que expresar públicamente la alegría más bien que la pena era la cosa apropiada que se debía hacer. Llorar de pena después de varias horas de de pie y atentos agotarían en cualquier caso los espíritus del pueblo, y si ellos sienten, como podrían hacerlo si la pena asumiera el control, que deberían ayunar para expresar lo que sentían, sus cuerpos estarían pronto agotados también.

El curso de acción que los líderes les recomendaron era mejor desde todo punto de vista. "el gozo del Señor es nuestra fortaleza," dijo Nehemías (uno lo imagina gritándolo desde la plataforma); ¡entonces alégrense! -¡tengan banquete con alegre generosidad, más bien que ayunar con ensimismamiento triste! "Vayan y disfruten... No estén tristes." Así, él finalizó la reunión.

"¿Puede usted concebir que los modernos organizadores de reuniones de avivamiento se comportaran en una forma como esa?" pregunta a John White. "Cuando la gente comienza a llorar, sentimos como que hemos triunfado."[5] Y luego, él podría haber añadido, prolongamos la reunión, pensando que ganamos gran kilometraje espiritual de sus lágrimas. Pero Esdras y Nehemías sabían lo que los renovadores modernos a veces parecen no saber, que no hay nada intrínsecamente mágico o necesariamente espiritual en las lágrimas (la gente llora, unos muy fácilmente, en todas las clases de cosas); tampoco hay algo naturalmente beneficioso en agitar al pueblo, o mantenerlos agitados, por manipulación emocional deliberada. Lo que importó en Jerusalén en 444 a.C. era que el pueblo amplió, profundizó, e intensificó la realización de que la grandeza, santidad, y bondad de Dios debería ser conservada y reforzada, y para esto improvisaron banquetes, quizás días de campo, en el cual se haría una distribución masiva para el pobre ya que la alegría de conocer a Dios, haría eso y cualquier cosa.

El mismo principio se aplica hoy. La pena por el pecado, y la alegría en el perdón de Dios y la seguridad de su amor, está el uno cerca del otro, porque el Dios que condena al pecado es el Dios de la misericordia que salva, y arrepentirse del pecado y confiar en Cristo para el perdón son dos lados de la misma moneda. Este aspecto doble de volverse a Dios es la disciplina básica de la vida cristiana de cada día, y como consecuencia tendremos una comprensión más viva de Dios y estaremos más aferrados a él. Y mientras tiene que haber un tiempo para la pena así como un tiempo para la alegría, expresar nuestra alegría del Señor puede reforzar nuestras vivencias espirituales con la eficacia que las expresiones de pena pueden hacer. No todo el servicio de Dios tiene que ser sombrío.

Una respuesta espiritual

La realidad del avivamiento fue además demostrada al día siguiente. Dios había dado a su gente un apetito por su Palabra, un deseo de la vida de obediencia, y una ansiedad de conciencia no sea que cualquiera de las exigencias de Dios fuera pasado por alto, y nada de esto se hubiese quitado. No se pidió a las mujeres y los niños aparecer otra vez (probablemente se supuso, con razón, que el día anterior los habría dejado agotados), pero "los jefes de familia, junto con los sacerdotes y los levitas, se reunieron con el maestro Esdras para estudiar los términos de la ley" (8:13). Ellos encontraron que Dios requirió que Israel guardara la fiesta de las enramadas del décimo quinto al veintidós de aquel mes, tanto como un festival de cosecha como un monumento conmemorativo del viaje dificultoso a la Tierra Prometida, y ellos resolvieron hacerlo. El esfuerzo y, sin duda, la molestia de recoger ramas de árbol de todas partes, erigiendo casuchas en Jerusalén dondequiera que hubiera espacio para hacerlo, y viviendo en ellas durante la semana de festival fue tomado con calma; la alegría de la obediencia y de saber que esto complació a Dios compensó cualquier esfuerzo. "Hubo alegría muy grande" (8:17 RV60).

¡Esta era la realidad espiritual! ¡Esta era la vida digna de vivirse! ¡Nada se compara con saber que usted hace la voluntad de Dios! Así sintieron ellos, y actuaron en consecuencia. "Las regulaciones dispersas para el festival," escribe Derek Kidner: "fueron todas investigadas y seguidas con voluntad. El versículo 15 ha tomado la instrucción dada en Levítico 23:40 y siguientes para juntar ramas frondosas; la última oración del versículo 17 interviene con la nota de alegrarse de que se pide en Deuteronomio 16:13-15; y ahora [versículo 18] escuchamos de la lectura de la ley prescrita en el Deuteronomio 31:10-13 para cada séptimo año, y de la asamblea solemne de Números 29:35."[6] Bajo el liderazgo combinado de Esdras y Nehemías, Israel avanzaba en su nueva identidad como el pueblo restaurado de Dios.

Aquí, otra vez, es un modelo de la vida espiritual que es tan auténtica hoy como era hace dos milenios y medio. Cuando un adolescente o un adulto encuentran la nueva vida en Jesucristo, y cuando un cristiano que desfallece experimenta cualquier forma de despertar o renovación, obedecer a Dios deja de ser un trabajo duro y se vuelve un placer, y agradar a Dios al hacer lo que pide llega a ser la alegría principal de la vida. La pasión persistente para complacer a Dios era el signo de la autenticidad del avivamiento de Jerusalén, y una pasión comparable se requiere como una indicación de autenticidad en todos los círculos donde se afirma que la vida espiritual existe hoy, es decir, la vida regenerada, la vida hecha nueva por el Espíritu Santo.

Un compromiso espiritual

Del avivamiento que comenzó en la Puerta del Agua durante el primer día de Tisri el gesto más significativo de la respuesta a la gracia y visitación de Dios todavía estaba por venir. El veinticuatro de aquel mes, tres semanas y media más tarde, una fiesta nacional de arrepentimiento y renovación de compromiso se llevó a cabo.

> ... los israelitas se reunieron para ayunar, se vistieron de luto y se echaron ceniza sobre la cabeza. Habiéndose separado de los extranjeros, confesaron públicamente sus propios pecados y la maldad de sus antepasados, y asumieron así su responsabilidad. Durante tres horas leyeron el libro de la ley del Señor su Dios, y en las tres horas siguientes le confesaron sus pecados y lo adoraron. (9:1-3)

El pasaje 9:5-38 da el texto de la oración solemne que formó la pieza central para la ocasión. Tal vez Esdras la compuso; seguramente sus sentimientos y estilo están totalmente de acuerdo con lo que sabemos de su mente. Mezcla la alabanza de Dios como el Creador y como "Dios perdonador, clemente y compasivo, lento para la ira y grande en amor" (9:17); acción de gracias por su gracia en la historia de Israel; confesión de pecado contra él (desobediencia, rebelión, blasfemia, arrogancia, indiferencia, mal); justificando a Dios "que cumples el pacto y eres fiel" (9:32) ("Tú has sido fiel en todo lo que nos ha sucedido, porque actúas con fidelidad. Nosotros, en cambio, actuamos con maldad," 9:33); una queja franca que "grande es nuestra aflicción" (9:36-37); y un compromiso firme ("hacemos este pacto y lo ponemos por escrito," 9:38). Hecho "bajo juramento," el compromiso era "vivir de acuerdo con la ley que Dios les había dado por medio de su servidor Moisés y a obedecer todos los mandamientos, normas y estatutos de nuestro Dios" (10:29).

Dentro de este marco fueron entonces puestas cinco tareas específicas: primero, prohibir matrimonios mixtos tanto para hombres como para mujeres; segundo, conservar la santidad de sábados no haciendo compras de no israelitas durante ellos; tercero, proteger el pobre, ambos dejando a la tierra en barbecho cada séptimo año (cuando el pobre podría recoger de lo que creciera en ella, según Éxodo 23:11) y también perdonando todas las deudas cada séptimo año, según Deuteronomio 15:1-11; cuarto, presentar a todo primogénito en el templo, tanto de la familia como de los animales de alguien, lo que significaría el pago de un precio por el primero y la entrega de éste (vea Num. 18:14-19); y en quinto lugar, proporcionar dinero (impuesto de templo), madera, y diezmos para apoyar los servicios del templo: "nos comprometimos a no descuidar el templo de nuestro Dios" (10:39; ver w. 30-39).

Además de la importancia intrínseca de estas tareas para una vida piadosa nacional, ellas eran claramente tomadas como señales, garantizando que toda la Ley sería fielmente guardada y demostración de una resolución de poner a Dios primero en todo. En ellos, sin embargo, constituyeron una expresión impresionante de fe, esperanza, y amor. Para los miembros de una comunidad económicamente deprimida renunciar al dinero producto de casarse con extranjeros y al comercio de siete días por semana, y prometer pagar dinero de rescate por el primogénito (ver Num. 18:14-16), trabajar un sistema social que obligaba al rico en efecto a dar considerablemente al pobre cada siete años, y a diezmar todo con regularidad para el templo era audaz, costoso, y abnegado. Pero lo que esto expresó en términos positivos era una resolución de obedecer a Dios a toda costa, sin medias tintas, y confiar en él totalmente para otorgar *shalom* –paz, bienestar, armonía, prosperidad- sobre su pueblo fiel, leal. Amar a Dios y al prójimo, por lo cual uno se dedicó a la adoración de uno y el bienestar del otro, debía ser el modo de vivir de cada israelita, y Dios: "quien guarda su pacto del amor," los bendeciría según su promesa.

El compromiso total de Israel era así algo digno de admirar. Era una expresión del arrepentimiento radical, que significó un cambio de mente, corazón, y vida; un gesto de la consagración plena, que significó ser separado de otros pueblos para ser el pueblo de Dios; y una entrada en la vida de fe, en la cual se confiaría en Dios para todo. Modela el compromiso que debería marcar a la iglesia cristiana hoy, cristianos que se casan con cristianos y estableciendo hogares cristianos; los cristianos que ven su tiempo, vida, salud, riqueza, capacidades, e influencia como dones de Dios del cual ellos son administradores y sobre lo que Dios mismo siempre tiene el primer derecho de reclamación; Los cristianos siendo generosos ante la necesidad humana y responsables en dar (¿diezmar? ¡Al menos!, y cuando uno puede, haciendo más) para mantener ministerios y personal de la iglesia.

La expresión final del compromiso de Israel era la disposición de los líderes de trasladarse a vivir a Jerusalén, y la disposición de todo el pueblo para ser seleccionado por suerte para hacer lo mismo. El diez por ciento fue elegido de esta manera para vivir en la ciudad, no para su propio bien, sino para el bien de Jerusalén, para hacerla una comunidad fuerte que realmente honrara a Dios y mostrara su gloria. "El pueblo bendijo a todos los que se ofrecieron voluntariamente para vivir en Jerusalén" (11:2), y ellos tuvieron razón de hacerlo así. Cuando elegimos sitios para vivir, ¿es nuestro primer pensamiento complacernos, o ser útil a Dios?

Una celebración espiritual

12:27-43 cuenta de la procesión ceremoniosa y la alabanza con que el muro reconstruido fue dedicado a Dios. Era un día de placer sin inhibición, con la acción de gracias como su tónica. "Ese día se ofrecieron muchos sacrificios y hubo fiesta, porque Dios los llenó de alegría. Hasta las mujeres y los niños participaron. Era tal el regocijo de Jerusalén que se oía desde lejos" (12:43). ¿Alabamos a Dios de esta manera cuando él nos bendice? La exuberancia, estilo de carnaval, puede fácilmente volverse carnal y no espiritual, pero seguramente la exaltada intensidad de este día de adoración, una intensidad exaltada que encuentra expresión en muchos de los Salmos, tiene algo que decirnos hoy.

Dos coros, especialmente reunidos para la ocasión y entrenados por el director de coro Jesraias (12:28,31, 42), marcharon sobre el muro cantando y se encontraron en el templo para más cantos de alegría y agradecimiento, apoyado ahora por platillos, arpas, liras, y trompetas (12:27, 41). El canto era el orden del día. Así es constantemente en la adoración prescrita en ambos Testamentos.

> Este no es verdadero de otras religiones. Muchos usan cánticos reiterativos. En unos, el clero canta. Pero generalmente las religiones del mundo son cosas severas... Los cristianos escriben himnos... coros... oratorios. ¿Por qué es esto? Obviamente porque el cristianismo es alegre. Es una respuesta a las grandes acciones de Dios a nuestro favor, en particular en la vida, muerte, y resurrección de Jesucristo, que aseguró nuestra salvación.[7]

"Que habite en ustedes la palabra de Cristo con toda su riqueza... canten salmos, himnos y canciones espirituales a Dios con gratitud de corazón," escribe Pablo (Col. 3:16). ¿Cantamos bastante? ¿Bastante para sostener nuestra propia alegría en la salvación? ¿Bastante para dar a Dios el honor y apreciación que se debe? ¿Cuánto hemos cantado a Dios hoy, cuánto cantamos ayer, y cuánto planeamos cantar mañana?

Un camino espiritual

No sabemos qué Salmos cantaron ellos, pero es natural adivinar que los Salmos 78, 105, y 106, que narran la bendición de Dios en días pasados, más los Salmos de Ascenso (120-134), escritos para peregrinos que se acercaban a Jerusalén para ir a adorar, fueron usados; más también el Salmo 48, cuya última estrofa en efecto describe lo que ellos hacían:

> *Caminen alrededor de Sión,*
> *caminen en torno suyo y cuenten sus torres.*
> *Observen bien sus murallas y examinen*
> *sus fortificaciones, para que se lo*
> *cuenten a las generaciones futuras.*
>
> (vv. 12-13)

También, el Salmo 135 habría encajado en la ocasión admirablemente, tal como forma una parte apropiada de la conclusión de este capítulo. Nehemías 8-12 nos mostró algo del trabajo de Dios de avivamiento, y la pasión extraordinaria y poder del lealtad del pueblo cuando el avivamiento ha tocado sus vidas. El arrepentimiento, que humilla, y la alabanza, que entusiasma, son todavía las dos actividades que, con la bendición de Dios, conducen más directamente a la renovación espiritual, y la alegría y la entrega desinteresada son todavía las dos actividades en las cuales la renovación espiritual se expresa más naturalmente.Vemos todo ello aquí, y la historia debería movernos para buscar un despertar similar para nosotros. La meditación sensible en el Salmo 135, mientras reflexionamos en la manera que Dios visitó y renovó a su pueblo en el tiempo de Nehemías, podría llevarnos alguna distancia a lo largo del camino del avivamiento.

¡Aleluya! ¡Alabado sea el SEÑOR!
¡Alaben el nombre del SEÑOR!,
¡siervos del SEÑOR, alábenlo!
Ustedes, que permanecen en la casa del SEÑOR,
en los atrios de la casa de nuestro Dios.

Alaben al SEÑOR, porque el SEÑOR es bueno;
canten salmos a su nombre, porque eso es agradable.
El SEÑOR escogió a Jacob como su propiedad,
a Israel como su posesión.

Yo sé que el SEÑOR, nuestro Soberano,
es más grande que todos los dioses.
El SEÑOR hace todo lo que quiere
en los cielos y en la tierra,
En los mares y en todos sus abismos.

Levanta las nubes desde los confines de la tierra;
envía relámpagos con la lluvia
y saca de sus depósitos a los vientos...

Los ídolos de los paganos son de oro y plata,
producto de manos humanas.
tienen boca, pero no pueden hablar,
ojos, pero no pueden ver; tienen oídos,
pero no pueden oír, ¡ni siquiera hay aliento en su boca!

Semejantes a ellos son sus hacedores,
y todos los que confían en ellos.
Pueblo de Israel, bendice al SEÑOR,
descendientes de Aaron, bendigan al SEÑOR,
descendientes de Levi, bendigan al SEÑOR,
los que temen al SEÑOR, bendíganlo.

Desde Sión sea bendito el SEÑOR
El que habita en Jerusalén.
¡Aleluya! ¡Alabado sea el SEÑOR!

(vv. 1-7, 15-21)

Y entonces sería bueno hacer nuestra la primera mitad del Salmo 85:

> *SEÑOR, tú has sido bondadoso con esta tierra tuya al restaurar a Jacob;*
> *Perdonaste la iniquidad de tu pueblo y cubriste todos sus pecados;*
> *Depusiste por completo tu enojo, y contuviste el ardor de tu ira.*
> *Restáurenos una vez más, Dios y salvador nuestro;*
> *pon fin a tu disgusto con nosotros.*
> *¿Vas a estar enojado con nosotros para siempre?*
> *¿Vas a seguir eternamente airado?*
> *¿No volverás a darnos nueva vida, para que tu pueblo se alegre en ti?*
> *Muéstrenos, SEÑOR, tu amor inagotable, y concédanos tu salvación.*
> (vv. 1-7)

Y si Dios nos permite ir así lejos, ¿quién puede decir qué puede pasar después?

7

De regreso al punto de partida

Las historias de hadas de los niños nos dicen que almas buenas que sobreviven malos ataques específicos, viven felizmente alguna vez después. Los romances de edición en rústica, como las historias del oeste, los misterios, y la ciencia ficción son realmente historias adultas de hadas, creadas en lo que P G. Wodehouse describió como la trama más vieja en el mundo; el muchacho conoce a la muchacha, el muchacho pierde a la muchacha, el muchacho recupera a la muchacha, y luego nos invita a suponer que después de caer finalmente cada uno en los brazos del otro la pareja sigue en euforia permanente y tranquilidad. Pero la verdadera vida; la vida de verdaderas relaciones, verdaderos matrimonios, verdaderos empleos, verdaderas operaciones comerciales, y así sobre, no empareja estas fórmulas, y la vida de la iglesia aún menos. Es una materia de la promesa divina que en el cielo todos nuestros problemas se terminarán, pero esperar cualquier situación así sobre la tierra, en nuestra vida personal o en la vida de nuestras iglesias, es fantasía e ilusión. Consentir el engaño, como Satanás, el mentiroso que él es, nos impulsa a hacer, es prepararnos para lastimosa desilusión. Es vital que todo cristiano aprenda el realismo sobre esto.

Dentro de la iglesia, a menudo se escucha la queja que las cosas nunca cambian, pero en realidad una conjunción de tres fuerzas distintas asegura lo contrario, a saber, que las cosas nunca se quedarán simplemente puestas, o continuarán sin parar correctas después de que en algún momento lograron enderezarse. La primera fuerza es la insatisfacción humana, que toma muchas formas, incluso a veces, bastante paradójicamente, una campaña enérgica de oponerse al cambio, pero de tal modo que la energía puesta en el proyecto revela la agitación profunda del corazón. (Los tejemanejes de Tobías parecen un caso de estos.) La segunda fuerza es la energía de Dios, trabajando para transformar a la gente en una verdadera semejanza a Cristo y una santidad más madura de la vida. La tercera fuerza es la energía de Satanás, dirigida, como vimos, a la corrupción de las cosas buenas que Dios ha hecho y el trabajo bueno que él hace.

Con estas tres fuerzas estirando y aflojando al mismo tiempo, usted no puede imaginarse que dentro del marco de lo que parece estabilidad las iglesias no se queden firmes en absoluto. Hay altibajos, bamboleos, recuperación, y luego más bamboleos; la visión perdida y la vitalidad pueden reaparecer, a veces bastante de repente; y luego desde tales momentos del avivamiento una reacción negativa. Usted podría llamarlo fácilmente un efecto posterior al avivamiento.

Sin duda esta reacción no tiene que pasar y no debería pasar, pero la Escritura y la experiencia igualmente nos muestran que esto a menudo sucede. Donde Dios ha enviado la reforma, Satanás trabajará, entre bastidores si no abiertamente, por la deformación de todo lo que fue hecho nuevo. Donde Dios ha avivado el moribundo, Satanás tratará de hacer que el avivamiento se agote en legalismo tiránico o en antinomianismo estrafalario o fanatismo orgulloso o escepticismo igualmente orgulloso; así, de una u otra forma él trabajará para asegurar que el avivamiento produzca tan poco cambio beneficioso a largo plazo como posible. Los ataques constantes de Satanás contra la iglesia, y la respuesta negativa de Dios para hacerlo desistir, garantizan la desilusión que se repite junto a estímulos periódicos para aquellos sobre los que recae el cuidado del pueblo de Dios. Lo cual nos trae a la narrativa aparentemente anti culminante de Nehemías 13.

Antes de esto, el sacerdote Eliasib, encargado de los almacenes del templo de nuestro Dios, había emparentado con Tobías y le había acondicionado una habitación grande. Allí se almacenaban las ofrendas, el incienso, los utensilios, los diezmos del trigo, vino y aceite correspondientes a los levitas, cantores y porteros, y las contribuciones para los sacerdotes.

Para ese entonces yo no estaba en Jerusalén, porque en el año treinta y dos de Artajerjes, rey de Babilonia, había ido a ver al rey. Después de algún tiempo, con permiso del rey regresé a Jerusalén y me enteré de la infracción cometida por Eliasib al proporcionarle a Tobías una habitación en los atrios del templo de Dios. Esto me disgustó tanto que hice sacar de la habitación todos los cachivaches de Tobías. Luego ordené que purificaran las habitaciones y volvieran a colocar allí los utensilios sagrados del templo de Dios, las ofrendas y el incienso.

También me enteré de que a los levitas no les habían entregado sus porciones, y de que los levitas y cantores encargados del servicio habían regresado a sus campos. Así que reprendí a los jefes y les dije: «¿Por qué está tan descuidado el templo de Dios?» Luego los reuní y los restablecí en sus puestos.

Todo Judá trajo a los almacenes la décima parte del trigo, del vino y del aceite. Puse a cargo de los almacenes al sacerdote Selemías, al escriba Sadoc y al levita Pedaías; como ayudante de ellos nombré a Janán, hijo de Zacur y nieto de Matanías. Todos ellos eran dignos de confianza, y se encargarían de distribuir las porciones entre sus compañeros.

«¡Recuerda esto, Dios mío, y favoréceme; no olvides todo el bien que hice por el templo de mi Dios y de su culto!»

Durante aquellos días vi en Judá que en sábado algunos exprimían uvas y otros acarreaban, a lomo de mula, manojos de trigo, vino, uvas, higos y toda clase de cargas que llevaban a Jerusalén. Los reprendí entonces por vender sus víveres en ese día. También los tirios que vivían en Jerusalén traían a la ciudad pescado y otras mercancías, y las vendían a los judíos en sábado. Así que censuré la actitud de los nobles de Judá, y les dije: «¡Ustedes están pecando al profanar el día sábado! Lo mismo hicieron sus antepasados, y por eso nuestro Dios envió toda esta desgracia sobre nosotros y sobre esta ciudad. ¿Acaso quieren que aumente la ira de Dios sobre Israel por profanar el sábado?»

Entonces ordené que cerraran las puertas de Jerusalén al caer la tarde, antes de que comenzara el sábado, y que no las abrieran hasta después de ese día. Así mismo, puse a algunos de mis servidores en las puertas para que no dejaran entrar ninguna carga en sábado. Una o dos veces, los comerciantes y los vendedores de toda clase de mercancías pasaron la noche fuera de Jerusalén. Así que les advertí: «¡No se queden junto a la muralla! Si vuelven a hacerlo, ¡los apresaré!» Desde entonces no volvieron a aparecerse más en sábado. Luego ordené a los levitas que se purificaran y que fueran a hacer guardia en las puertas, para que el sábado fuera respetado.

«¡Recuerda esto, Dios mío, y conforme a tu gran amor, ten compasión de mí!»

En aquellos días también me di cuenta de que algunos judíos se habían casado con mujeres de Asdod, de Amón y de Moab. La mitad de sus hijos hablaban la lengua de Asdod o de otros pueblos, y no sabían hablar la lengua de los judíos. Entonces los reprendí y los maldije; a algunos de ellos los golpeé, y hasta les arranqué los pelos, y los obligué a jurar por Dios. Les dije: «No permitan que sus hijas se casen con los hijos de ellos, ni se casen ustedes ni sus hijos con las hijas de ellos. ¿Acaso no fue ése el pecado de Salomón, rey de Israel?

Entre todas las naciones no hubo un solo rey como él: Dios lo amó y lo hizo rey sobre todo Israel. Pero aun a él lo hicieron pecar las mujeres extranjeras. ¿Será que también de ustedes se dirá que cometieron el gran pecado de ofender a nuestro Dios casándose con mujeres extranjeras?»

A uno de los hijos de Joyadá, hijo del sumo sacerdote Eliasib, lo eché de mi lado porque era yerno de Sambalat el horonita.

«¡Recuerda esto, Dios mío, en perjuicio de los que profanaron el sacerdocio y el pacto de los sacerdotes y de los levitas!»

Yo los purifiqué de todo lo extranjero y asigné a los sacerdotes y levitas sus respectivas tareas. También organicé la ofrenda de la leña en las fechas establecidas, y la entrega de las primicias.

«¡Acuérdate de mí, Dios mío, y favoréceme!»

(Nehemías 13:4-31)

Esta sección de cierre del libro de Nehemías ilustra tres verdades generales sobre la iglesia cristiana que tiene que ser bien entendida.

Enfriamiento

Primero: *los momentos de cumbre no pueden ser mantenidos en la iglesia.*

Mis imágenes aquí vienen de la historia de la Transfiguración, que cuenta como Jesús tomó a Pedro, Santiago, y Juan a "una montaña alta" (Mt. 17:1) a fin de darles la experiencia asombrosa de verlo momentáneamente transformado y conversando con Moisés y Elías. Las experiencias de cumbre de Dios, preciosas aunque a veces desorientadoras, en que Dios sella aspectos de su verdad y amor sobre nuestros corazones, son con frecuencia dadas en tiempos de avivamiento, para ser recordadas a partir de entonces con temor y gratitud. Sin duda había muchas de tales experiencias a finales de septiembre y octubre, del 444 a.C., durante los días trascendentales de la visitación de Jerusalén, como tanta verdad sobre Dios se hacía tan clara para muchos. Pero John White correctamente señala el hecho de que los predicadores hoy a veces tratan de fabricar momentos de cumbre aprovechándose de las emociones del pueblo:

> Muchos predicadores usan la manipulación psicológica sin advertir totalmente que lo hacen. Es satisfactorio percibir que una emoción poderosa cautiva a toda la congregación. Con facilidad nos lanzamos a la conclusión de que Dios está obrando cuando en realidad este puede no ser el caso en absoluto. Esta es la razón por que tanta esterilidad sigue a reuniones poderosas: el poder es a veces psicológico y no espiritual. La manipulación psicológica no puede producir la renovación espiritual.[1]

Eso es verdad; y es también verdad que Dios no permite en ningún caso a su gente vivir sobre la cumbre. Los discípulos tuvieron que dejar el monte de la transfiguración y volver con Jesús al mundo ordinario en el nivel de tierra; y después de que una "elevación" espiritual genuina ha venido a nuestro camino así debemos hacer nosotros. La soberanía divina funciona aquí en una manera obvia: cuando los padres sabios no dan a sus niños dulces en todo momento, porque demasiados dulces no estarían bien para ellos, entonces Dios no otorga momentos de cumbre de manera constante. Porque si la vida cristiana estuviera siempre llena de emociones eso iría contra la madurez y la dureza interior, y la maduración y el endurecimiento de nosotros son centrales al plan de Dios. Mientras tanto, sin embargo, los cristianos son tentados constantemente a calmarse y volverse flojos de varios modos. Así ocurre que en la experiencia dada por Dios en tiempos de gran intensidad espiritual y logro principal en el ministerio son a menudo seguidos por tiempos de la decadencia.

Era así en el período del Nuevo Testamento en total. Durante el Día de Pentecostés en el 30 d.C., el Espíritu Santo fue derramado en la bendición de avivamiento, los discípulos ganaron perspicacias y perdieron sus inhibiciones, la verdad sobre Jesús fue claramente proclamada y entendida, 3,000 vinieron a la fe, y la iglesia comenzó. Las próximas dos décadas fueron un tiempo del triunfo, en el cual el evangelio avanzaba; esto se extendió de Jerusalén a Samaria y luego en el mundo gentil, y está claro del Nuevo Testamento que en un lugar tras otro había éxito espectacular inicial. Pero el Nuevo Testamento termina con una carta dirigida a cada una de siete iglesias por Jesús mismo, con un apéndice largo visionario atado, y de este libro de Apocalipsis, escrito probablemente en los años noventa del primer siglo, está claro que las condiciones de avivamiento se habían vuelto una cosa del pasado. El pecado y la infidelidad, la doctrina falsa y la conducta inmoral, la complacencia y dureza de corazón son todos denunciados, porque ellos han entrado sigilosamente; cada iglesia trabaja, y necesita el estímulo desesperadamente. Es aparente que "los altos" de los tempranos días habían sido ahora seguidos "de un bajo", un período llano en el cual las iglesias decaían. Y no solamente en Apocalipsis somos encarados con esta decadencia espiritual; las epístolas pastorales de Pablo, las cartas de Juan, 2 Pedro, y Judas, todo de fechas a partir de los años sesenta o más tarde, están todas preocupadas por problemas de defectos internos, doctrinales y morales, que hacían decaer a las iglesias. Así es como termina el Nuevo Testamento.

La carrera de Pablo nos da un primer plano de esta situación. Una vez un rabino y la cabeza de la inquisición judía contra los cristianos, él se hizo después de su conversión un evangelista, maestro y plantador de iglesia, y sus primeras cartas reflejan la esperanza impaciente en Dios en cuanto a la futura extensión del evangelio. Pero sus cartas a pastores más jóvenes Timoteo y Tito, escritas casi al final de su vida, son sumamente oscuras: las iglesias están infectadas por teología mala y error ético que lo acompaña, y Pablo espera que los tiempos malos empeoren. Así es como la carrera de Pablo terminó. Estaba muy lejos de los días de gloria de los dos primeros viajes misioneros.

Una ilustración actual de deslizamiento de la cumbre fue la experiencia de Jonathan Edwards, el gran el teólogo y evangelista pastoral que vio el avivamiento en su propia iglesia en Northampton, Nueva Inglaterra, en 1735 y otra vez en 1740, en el momento del Gran Despertamiento. Su prestigio era enorme; él era una autoridad aprobada sobre asuntos de teología y vida espiritual, y el defensor principal del Despertamiento además. Usted no habría esperado que unos años después del Despertamiento su congregación lo despidiera por la línea bíblica que tomó ya que es una cuestión de disciplina (admisión a la Cena del Señor) que tenía implicaciones sociales. Pero es lo que ellos hicieron, y Edwards se volvió un misionero oscuro fronterizo por lo tanto. Así fue como su carrera terminó (porque aunque en el momento de su muerte él hubiera sido designado presidente de Princeton, él no había tomado posesión del cargo aún). La congregación Northampton había disminuido claramente de la calidad que había mostrado durante los avivamientos.

Nehemías 13 declara de modo similar la decadencia espiritual "de un alto" espiritual. Hemos seguido a Nehemías por la historia del avivamiento de Jerusalén: "el pacto" (9:38), y la dedicación de los muros. Ahora notamos la tarea firme y arreglos detallados en cuanto al apoyo a los levitas y otros funcionarios del templo. 12:47, que Nehemías quizás extrajo de los archivos de templo, implica que él en persona dirigió e hizo cumplir todo esto: "En la época de... Nehemías [un cargo de gobernador de doce años], todos los días los israelitas entregaban las porciones correspondientes a los cantores y a los porteros. Así mismo daban las ofrendas sagradas para los demás levitas, y los levitas a su vez les entregaban a los hijos de Aarón [es decir, los sacerdotes]lo que a éstos les correspondía." Pero cuando Nehemías, habiendo vuelto a Susa al final de sus doce años, regresó a Jerusalén por su propia petición (13:6-7) para una segundo período como gobernador, él encontró que Israel había fallado en cuatro puntos "del pacto": el templo había sido profanado; los diezmos se habían acabado; el comercio había quebrantado la observancia del sábado; y los matrimonios mixtos se habían establecido una vez más. Así que ahora leemos de Nehemías que toma acción ejecutiva para poner las cosas en orden una vez más. "Si sobre su primera visita él había sido un torbellino," escribe Kidner: "durante su segunda él era todo fuego y terremoto para una ciudad que se había acomodado en su ausencia a un compromiso cómodo con el mundo de gentil."[2]

Hacía quizás veinte años desde que los compromisos originales fueron hechos (esa es la conjetura común; Nehemías no nos dice cuanto tiempo pasó en Susa antes de que su segundo período comenzara); así la comunidad había tenido mucho tiempo para ir a la deriva lejos del sentido que una vez tuvo de su importancia. La memoria de la experiencia de cumbre ya no estaba viva, y el celo por la alabanza y la gloria de Dios no era más una fuerza que los impulsara. Es, sin embargo, probablemente que la acusación de Malaquías de la adoración mal hecha (Mal. 1:6-14), un clero corrupto (2:1-9), matrimonio con extranjeros (2:10-16), y no pago del diezmo (3:6-12) fue entregada durante los años de la ausencia de Nehemías, de modo que el pueblo no tuviera ninguna excusa en absoluto por la apatía expresada por su desviación continua sobre estos asuntos. Entonces la furia de Nehemías en la situación que él encontró se hace más explicable, como se hace también la intensidad de su angustia en ello. Para él esto era regresar en efecto al punto de partida, y una experiencia muy triste porque sus esperanzas altas de la fidelidad de Israel fueron ahora rotas. (Esto, sea dicho, es una experiencia con la cual los pastores de iglesias pronto llegan a familiarizarse.)

Mundanalidad

Segundo: *la conformidad al mundo es una trampa constante para la iglesia.*

Las fallas de Israel, como se registra tanto aquí como en otra parte en el Antiguo Testamento, permiten ilustraciones vivas de esta verdad, sobre la cual el Nuevo Testamento tiene mucho que decir. Los escritores del Nuevo Testamento con regularidad hablan del mundo en un sentido humano y cultural, significando la sociedad organizada aparte de Dios y contra Dios, y ellos ven el mundo como siempre tratando de meter a los cristianos individualmente y la iglesia colectivamente en su propio molde, el molde, es decir de las preconcepciones predominantes, prejuicios, modelos de comportamiento, y estilos de vida del tiempo particular y lugar en cual el pueblo de Dios se encuentra. La iglesia es el cuerpo de Cristo, llamado bajo el liderazgo de Jesús, su cabeza, a impregnar y purificar la sociedad e inyectar los valores de Dios, que son los valores verdaderos humanos, en su vida. La voluntad de Cristo así es transformar la cultura por la agencia de la iglesia. Pero el Imperio de Satanás (es decir las ideologías paganas y seculares y las comunidades que los abrazan) devuelve el golpe, y el conflicto es continuo.

De la iglesia en el mundo se ha dicho que mientras el lugar para el barco está en el mar, sólo puede significar el desastre cuando el mar entra en el barco, y esto es verdad. La sentina subcristiana se filtra siempre en la iglesia y tiene que ser bombeada; a veces, también, un tabique abajo de las escotillas es necesario para impedir que el navío se hunda por esta o aquella inundación. Cuando el pueblo de Dios deja de estar vigilante contra el mundo, ellos están ya en su apretón, y el debilitamiento continuo es todo lo que puede esperarse mientras esta negligencia dura. Mientras tanto, la preocupación mundana, así inducida, conducirá a votos rotos y vidas rotas. La historia de Israel lo aclara.

La historia aquí es familiar y deprimente. En Sinaí el pueblo juró lealtad al Señor, y casi inmediatamente rompió su voto por la adoración orgiástica del becerro de oro según un modelo familiar pagano. En la Tierra Prometida había un flujo aparentemente interminable de lapsos similares, conduciendo finalmente a los juicios de Dios de derrocamiento y exilio. Bajo el liderazgo de Nehemías las familias de los exiliados que habían regresado se habían comprometido a diezmar y contribuir provisiones para el mantenimiento del templo y su personal, santificar el sábado, y evitar matrimonios mixtos (10:30-39). Pero ahora parece que las ganancias comerciales y diplomáticas de hacer negocios el sábado, casándose con extranjeros, saludando humildemente a Tobías, y restringiendo las donaciones al templo por miedo a terminar empobrecidos estrangulaban todos los pensamientos de lo que los votos que ellos habían tomado los había obligado realmente a hacer. (Para un paralelo moderno, piense en los motivos egoístas que la gente da, aun cristiana, para olvidar el compromiso exclusivo implicado en sus votos de matrimonio.)

Los viejos caminos de la infidelidad estaban siendo seguidos una vez más. Los valores del mundo tenían prioridad, el interés propio estaba primero, y allí en Jerusalén, el tipo del Antiguo Testamento y emblema de la iglesia cristiana, Dios estaba siendo deshonrado de nuevo. Era trágico, tal como es trágico cuando los homólogos a la comercialización de Israel, materialismo, diplomacia profana, egoísmo, e indiferencia a la gloria de Dios aparecen en congregaciones cristianas hoy. Pero como entonces, también ahora el pueblo del Señor está bajo la presión constante para comportarse del modo del mundo. Los cristianos son llamados a separarse para Dios y por lo tanto ser diferentes de otros en su modo de vivir, tal como Israel era; pero la llamada constantemente no es oída, o al menos desatendida, tal como SE hizo en el tiempo de Nehemías.

Disciplina

Tercero: *la disciplina es una necesidad constante en la iglesia.*

Sé que la palabra "disciplina", en un contexto de iglesia, no comunica a muchas mentes nada más que la idea de procesos judiciales ásperos; pero la uso en un sentido cristiano histórico, que es mucho más amplio y tiene un enfoque diferente. Es la forma en español del latín *disciplina*, de un verbo que significa "aprender," y esto significa el proceso de educación por el cual los niños llegan a ser adultos sabios y maduros. El aprendizaje por la dirección del educador es la idea básica, y la corrección del error sólo entra en ello como un medio de dirección a lo que es verdadero y bien. Los entrenadores de deportes insisten en lo que uno hace mal a fin de conseguir que uno adquiera el hábito de hacer las cosas de la manera correcta, y una razón primaria por qué la disciplina punitiva -advertencia, exclusión de la Mesa del Señor, y expulsión (o excomunión, como se ha llamado tradicionalmente a la expulsión)- tiene que ser practicada en la iglesia es para conducir almas que se equivocan a arrepentirse y abandonar lo que está mal en sus vidas. Entonces la disciplina debería ser vista como esencialmente educativa y pastoral más bien que como esencialmente judicial y retributiva. Se trata de poner al pueblo en la senda correcta más bien que inmortalizar el hecho de que ellos eran una vez anduvo por la equivocada.

El capítulo 13 nos muestra a Nehemías que practica el lado negativo de la disciplina. Él lanzó el mobiliario de Tobías del templo (13:8); reprochó a funcionarios, nobleza, y cabezas de familias por lo que habían permitido, en un caso realmente llegó a los golpes con los delincuentes y les arrancó el pelo (13:11,17,25); él amenazó a los que comerciaban el sábado (13:15,21); él "ech[ó] de [su] lado" ("perseguido" era la traducción más vieja y más viva) el sacerdote que era "el yerno de Sambalat", en otras palabras, lo obligó a dejar de ejercer y dejar la ciudad (13:28); y él purificó el templo, levitas, y sacerdotes (13:9, 22, 30). El lado positivo de la disciplina -a saber, promover el pensamiento y la vida correctos- era, sin embargo, su preocupación principal en todas partes. Él sabía que la aceptación del desorden como si fuera el orden y el descuido de la disciplina correctiva que pondría las cosas en el lugar correcto priva a Dios de su gloria no solamente hoy, pero mañana también.

Como el abandono de la disciplina familiar tanto estropea a los niños ahora como pone en peligro su futuro haciéndolos adultos inmaduros y voluntariosos, de igual manera el abandono de la disciplina de iglesia produce a cristianos inmaduros y voluntariosos y así garantiza la inestabilidad en la iglesia de la siguiente generación. El bienestar de la iglesia de mañana está directamente unido con la disciplina que ejercemos en la iglesia hoy. Los pastores no se atrevan a olvidar esto. El ojo de Nehemías estaba sobre el futuro; él quiso asegurar que el apoyo del templo nunca fallaría otra vez, y que el resto "del pacto" de veinte años antes sería observado también. Esta era la planificación estratégica, con visión de futuro y diplomática. ¡Los pastores, tomen nota!

Debemos ver ahora detalladamente los tres episodios disciplinarios que Nehemías registra. Lo miraremos en acción directa para la santificación del santuario, salvaguardar el sábado, y la santificación de la vida de hogar en Jerusalén. Cuando él vio que, la adoración, la misericordia, y la futura existencia de la nación restaurada estaba en peligro, y la acción firme que él tomó le pareció totalmente necesaria para rechazar los peligros. La narrativa es la sección de cierre de las memorias personales de Nehemías, está escrita en el mismo estilo que los capítulos 1-6, con una oración que acaba cada unidad de la historia. Un vistazo adicional a Nehemías mismo nos templará en ello. Tres preguntas sobre él se plantean mientras damos una mirada a la historia que él nos cuenta.

Un hombre envejecido

Primero, ¿qué deberíamos decir sobre la edad de Nehemías? ¿Qué edad tenía él cuando volvió a Jerusalén? Él en ninguna parte menciona su edad, pero difícilmente habría sido designado gobernador en primer lugar si él hubiera tenido menos de cuarenta, y esto significa que el capítulo 13 lo encuentra no lejos de los sesenta, unos años más o menos. Él se acercaba así al final de su carrera y estaba en un punto donde la consolidación del trabajo antes hecho naturalmente y correctamente parece importante. Esta, quizás, era la razón por la que él pidió a Artajerjes darle un segundo período como gobernador (13:6-7).

Un hombre enojado

Segundo, ¿qué deberíamos decir sobre las actitudes de Nehemías? En estas historias de la acción disciplinaria él se muestra sumamente fuerte. Él nos dice directamente que estaba enojado (13:8, 21, 25). Él era seguramente crítico ("la infracción," 13:7; "están profanando," 13:17; "el gran pecado," 13:27). Él actuó autocráticamente (que, desde luego, como gobernador él tuvo derecho a hacerlo): Y sus intervenciones se volvieron bastante molestas: "... hice sacar... [13:8]... Di órdenes [13:9]... Reprendí [13:11]... Los reuní [13:11]... Puse... a cargo [13:13]... Reprendí [13:15]... Ordené [13:19]... Puse [13:19]... Advertí [13:21]... ordené [13:22]... Reprendí... los maldije... los golpee... les arranqué los pelos... los obligué a jurar por Dios [13:25]... Lo eché [13:28]... Purifiqué a los sacerdotes y los levitas [13:30]." ¿Es esto algo más que el mal carácter y las pocas pulgas que tienden a marcar la edad avanzada? ¿No se ha hecho Nehemías lo que describiríamos como un anciano difícil? Seguramente las actitudes que él alardea (la palabra no es demasiado fuerte) requieren discusión.

Lo que debemos tener en cuenta aquí, sin embargo, es que las convenciones y las expectativas de nuestra cultura Occidental relativista, secular, amoral y post cristiana no están necesariamente de acuerdo con la verdad y la sabiduría de Dios. Cualquier vergüenza que podríamos sentir por la actitud directa de Nehemías podría ser un signo de nuestras propias limitaciones espirituales y morales más bien que las de él. ¿Era una debilidad que en el código de conducta de Nehemías el lema moderno: "debes ser agradable" parece no haber tenido ningún lugar, mientras "debes ser fiel a Dios y celoso por Dios" era claramente básico a ello? ¿Alguna vez Moisés, David, Jesús, o Pablo se han ganado el título "Sr. Agradable"? La suposición, tan común hoy, que ser agradable es parte esencial de ser bondadoso tiene que ser desmentida. Nehemías no debería ser criticado por pensar que hay cosas más importantes en la vida que ser agradable.

Si, ahora, tenemos un problema con la ira de Nehemías, deberíamos darnos cuenta que era un sentimiento profundo del ultraje que expresó no el resentimiento ensimismado, ni hostilidad personal, pero la angustia de un corazón que añoró por la gloria de Dios y odió -la palabra no es demasiado fuerte- todo lo que la obscurecía y la estorbaba. Era, en otras palabras, ira en la situación misma. Jesús mostró sentimientos similares en la tumba de Lázaro, donde leemos que cuando él vio a los lamentadores llorar él fue "ultrajado en el espíritu" (Jn. 11:33,38). (La traducción está léxicamente segura, aunque las versiones lo hayan ablandado "a él gimió," "él suspiró," "lo tocaron profundamente," o, como en NVI: "él fue profundamente movido," recortando así el elemento de ira que es central al sentido de la palabra griega.) Jesús estaba enojado, como lo muestra el contexto, tanto en la devastación que el pecado y la muerte obran en las vidas humanas y en la incredulidad que se aflige por la pérdida desesperadamente, sin alguna esperanza de la resurrección. Y la razón de su ira no era simplemente su angustia por las angustias de otros, sino básicamente su conciencia que las respuestas de incredulidad a la muerte no puede sino disgustar a su Padre celestial. Y Nehemías estaba enojado porque las convicciones de Jerusalén se habían atenuado, la fidelidad había fallado, la mundanalidad había invadido, y la ruina espiritual estaba ahora en progreso. El celo por la casa de Dios consumía a Nehemías por completo, tal como más tarde habría de consumir a Jesús por completo (Jn. 2). La ira de Jesús en la degeneración espiritual debía conducirlo a limpiar el templo; la ira comparable de Nehemías lo dirigió a limpiar no solamente el templo, sino la ciudad entera, como veremos ahora.

Y si Nehemías nos trastorna pareciendo ser un egoísta crítico, deberíamos recordar que él creyó en los absolutos de la revelación divina y la realidad de los juicios de Dios con una robustez que pocos hoy día pueden igualar. La creencia en absolutos está pasada de moda en el Occidente; el relativismo y el pluralismo se han hecho las contaminaciones "políticamente correctas" del aire cultural que respiramos, y cualquier afirmación de que significados son verdad universal se toma como descortesía, si no peor. Delante de mí, mientras escribo, está una carta que comienza: "nuestros niños ya no viven en una cultura que enseña un estándar objetivo para el bien y el mal. La verdad es una cuestión de gustos; la moralidad ha sido sustituida por la preferencia individual." Es trágicamente verdadero; y en tal cultura el emitir juicios sobre los errores de otros de lo que consideramos verdaderos y recto parecerá siempre crítico (es decir juzgar en exceso, perversa e insanamente).

Así que si encontramos en nosotros el sentimiento que Nehemías era crítico, tenemos que comprobar para asegurarnos que no reflejamos simplemente los prejuicios de la cultura corrupta y corruptora de la cual somos parte. Deberíamos recordar que el relativismo y el pluralismo son señales de la decadencia cultural, e independientemente de lo que pueda decirse sobre la Jerusalén de Nehemías no era decadente en la manera moderna. En casas donde los padres procuran enseñar sus estándares de moralidad de niños cristiano y formar su carácter de acuerdo con ellos, se emiten muchos juicios, y necesariamente así debe ser; y en la Jerusalén que Nehemías trataba de moldear en una comunidad realmente temerosa de Dios la misma necesidad del juicio correctivo estaba presente. Y no es egoísmo cuando un líder insiste en cosas que están en la Biblia (en el caso de Nehemías, en la Ley de Moisés), cosas a las que el pueblo que él juzga y reprende está ya formalmente comprometido, y de la que ellos nunca deberían haberse alejado. Lejos de ser egoísmo, este es liderazgo y formación de la disciplina pastoral y edificación de la iglesia.

Un corazón que ora

Tercero, qué deberíamos decir sobre las peticiones de Nehemías a Dios, los cuatro breves oraciones, cada una con la invocación "Dios mío," lo que apuntan la narrativa en versículos 14, 22, 29 y 31, tres suplicando que Dios recuerde a Nehemías con misericordia y una pidiendo que recuerde la familia Eliasib para juicio?

La perspectiva básica para entender estas oraciones fue esbozada antes. Nehemías conscientemente vive, como todo regenerado hace, por la fe en la gracia de Dios: "¡Recuerda esto, Dios mío, y conforme a tu gran amor, ten compasión de mí!" (13:22);

"¡Acuérdate de mí, Dios mío, y favoréceme!" (13:31, línea de despedida de Nehemías). Sólo uno que vive en la confianza dependiente personal puede decir "Dios mío". Aquí está el idioma del pacto, como en "mi marido" o "mi esposa," y significa, no propiedad o control (fallecer el pensamiento), sino sinceridad de lealtad y confianza: "Tú eres mi Dios, para quien, con quien, y por quien ahora vivo." Es lo más significativo que en las memorias de Nehemías el Dios de Israel es "mi Dios" constantemente, directamente hasta las últimas palabras.

Otra vez, Nehemías está conscientemente comprometido con la causa de Dios y es entusiasta y minucioso en la realización de las responsabilidades que Dios le da. Él no teme traer sus acciones ante Dios para que las evalúe, porque él está en contacto con su corazón y sabe cuales son sus objetivos y motivos, a quien, en otras palabras, él procuraba honrar y agradar. Para ponerlo en términos del Nuevo Testamento, Nehemías no ora sobre sus logros vanagloriosamente como el fariseo en la parábola (Lc. 18:10-14), pero filialmente, como un niño a un padre. Para niños para quieren que su padre para sepan lo que han hecho para él, y así ir a él y decirle sobre ello, es natural y no está mal; y el instinto filial de los regenerados constantemente los mueve a comportarse de este modo con su Padre celestial, tal como la naturaleza filial de Jesús una vez lo movió orar: "Yo te he glorificado en la tierra, y he llevado a cabo la obra que me encomendaste. Y ahora, Padre, glorifícame... " (Jn. 17:4-5). No deberíamos preguntarnos, entonces, cuando de manera similar que Nehemías ora: "¡Recuerda esto, Dios mío, y favoréceme; no olvides todo el bien que hice por el templo de mi Dios y de su culto!" (13:14); "¡Recuerda esto, Dios mío, y favoréceme; no olvides todo el bien que hice por el templo de mi Dios y de su culto!" (13:22). Él dice: piensa en mí, y conóceme, como la persona que hizo estas cosas a favor de tu interés, independientemente del coste en términos de mi incomodidad; está consciente de mis esfuerzos leales a tu causa.

Finalmente, Nehemías entrega a Dios para que juzgue a aquellos que se volvieron enemigos de Dios por su impiedad. "¡Recuerda esto, Dios mío, en perjuicio de los que profanaron el sacerdocio y el pacto de los sacerdotes y de los levitas!" (13:29). Él significa: Los dejo en tus manos para que trates con ellos como creas que corresponde.

Las oraciones de Nehemías reflejan tanto al hombre como la situación. "Ellas nos revelan el corazón de un hombre continuamente bajo la presión en la lucha sola contra el mal. Ellas también reflejan a un hombre que cada momento camina consciente de Dios. Finalmente reflejan a un hombre para quien el espaldarazo más alto es... La sonrisa de aprobación de Dios, una actitud que es seguramente una defensa eficaz contra el orgullo espiritual."[3] En cuanto a la situación que rodeaba a Nehemías, era, como hemos visto, una de degeneración espiritual y desilusión horrenda, en la cual se requería ahora un gran esfuerzo para quitar males que nunca deberían haber estado allí en absoluto. Cito otra vez de Kipling *If*: (Si solo)

Si puedes soportar que tu frase sincera
Sea trampa de necios en boca de malvados,
Y mirar hecha trizas tu adorada quimera
Y tornas a forjarla con útiles mellados...
¡Serás hombre, mi hijo!

Estas líneas señalan muy bien las presiones que estaban sobre Nehemías en su segundo término, y podemos imaginar que lo atacaron tentaciones de desesperación pesimista mientras consideraba que pasos eran necesarios para restaurar la reforma de Jerusalén, y luego dirigirse a la tarea. La violencia que vemos en sus palabras y actos reconstituyentes, podemos estar seguros, fue calculada; él era tan enfático como sabía que debía para lograr el resultado deseado. Los procedimientos más suaves no habrían bastado.

Lo que encontramos en este capítulo, entonces, no es un anciano apresurado, ni un hombre irritable que expresa sus sentimientos de daño sobre cualquiera que está a su alcance, sino un hombre humilde de propósito piadoso que se inclina y levanta otra vez lo que había estado roto, y de ese modo se muestra él mismo un Hombre en el sentido de Kipling. Visto de esta manera, el capítulo es un verdadero punto culminante al libro.

El santuario santificado

Tobías, como notamos antes (6:17-19), tenía lazos con el establecimiento social y político de Jerusalén y tenía contactos con varias personas clave que le harían favores. Uno de esos favores fue la acción de Eliasib el sumo sacerdote en darle una habitación del templo: "Del tamaño de un pequeño depósito,"[4] para ser su apartamento en la ciudad y oficina central. Las habitaciones servían para proporcionar alojamiento temporal para sacerdotes, cantantes, y los porteros durante su período de servicio en el templo (10:39), pero el laico Tobías no tenía ningún negocio en el templo en absoluto. Nehemías, escandalizado por el arreglo de Eliasib: "hice sacar de la habitación todos los cachivaches de Tobías" (13:8). Esto sólo significa que él dio las órdenes de hacer esto; pero parece que él lo hizo personalmente, para hacer un gesto público de ello, como violentamente, mostrar cuán vergonzosa había sido la intrusión de Tobías. Entonces podemos imaginar muebles, los más pequeños por lo menos, volando por la puerta cuando Nehemías ceremoniosamente los arrojó ("Arrojó" es el sentido literal del verbo); y puede ser que Tobías, probablemente por ahora un jubilado solemne, tuvo que estar allí balbuceando mientras este desalojo continuó. Así el cuarto fue limpiado; entonces todas las habitaciones de templo fueron purificadas, como si la presencia de Tobías en uno los había profanado a todos, "Luego ordené que purificaran las habitaciones y volvieran a colocar allí los utensilios sagrados del templo de Dios, las ofrendas y el incienso" (13:9).

Una razón, claramente, por la que Eliasib con gusto había asignado una habitación a Tobías era que las ofrendas de grano, es decir los diezmos por grano, no habían entrado en ninguna cantidad, de modo que las áreas de almacenaje para ellos no eran necesarias. La disminución de diezmos había significado que los levitas y los músicos del templo, para quienes los diezmos se propusieron apoyar, habían tenido que dejar su lugar designado del servicio en Jerusalén para cultivar sus pequeñas posesiones fuera de la ciudad, a fin de no pasar hambre. Ahora, sin embargo, Nehemías rajó la fusta; los diezmos entraron una vez más "de todo Judá [es decir Jerusalén y el país alrededor]"; y Nehemías pone de hombres "de confianza" a cargo del almacenaje y distribución a los cantantes y levitas. Así el templo y sus asuntos volvieron a ser puestos en orden (de 13:10-14), según los términos "del pacto" (10:37-39; cp. 9).

La contaminación ceremonial de las habitaciones del templo que resultan de la residencia no autorizada del intrigante egoísta Tobías en una de ellas es un cuadro vivo del ensuciamiento moral que viene del mal uso de poderes y recursos en la vida de iglesias y cristianos, ambos descritos por Pablo como el templo de Dios, habitados por el Espíritu Santo (ver 1 Cor. 3:16-17; 6). Pecados acuciantes, relaciones impuras, la búsqueda egoísta de placer, ganancia, poder, o posición, la indiferencia por agradar y glorificar a Dios, y cualquier modelo de acción que de cualquier modo mina la obediencia a la Palabra escrita de Dios y fidelidad al Cristo de la Sagrada Escritura tiene un efecto de profanación a la vista de Dios, de la cual las conciencias sanas serán conscientes. Como era necesario arrojar a Tobías del templo en Jerusalén hace mucho, de la misma manera debemos arrepentirnos de los actos y los caminos pecaminosos, renunciar a ellos y dejarlos hoy; y como era necesario hacer cumplir los datos concretos de la ley de adoración en el tiempo de Nehemías, igualmente es necesario que las disciplinas de aprendizaje sean aprendidos de nuevo en nuestro tiempo.

Y tal como no era inadecuado que Nehemías y Jesús estuvieran enojados por el mal que ellos procuraron echar del templo, igualmente no será inadecuado que nosotros sintamos ira ante la sensación del mal en nuestros corazones, en nuestras vidas, y en nuestro entorno cuando procuramos negarlo y repelerlo por la ayuda de nuestro Dios. Si no podemos sentir ira por el pecado, hay algo mal con nosotros; y si pudiéramos estar más enojados por el pecado, deberíamos ser menos indulgentes con él.

El sábado salvaguardado

El sábado que Dios requirió que Israel observara era un día de abstinencia del trabajo que hubiera realizado los seis días anteriores. En general, el sábado era un signo que todo nuestro tiempo debe ser visto como un don de Dios, para ser usado como él dirige; en particular, era un día para recordar y celebrar el trabajo de Dios tanto en la creación como en el rescate. El modo de honrar a Dios al guardar el sábado fue declarado al pueblo por Dios mismo por medio de Isaías:

> *"Si dejas de profanar el sábado,*
> *Y no haces negocios en mi día santo;*
> *Si llamas al sábado 'delicia',*
> *Y al día santo del SEÑOR, 'honorable';*
> *Si te abstienes de profanarlo,*
> *Y lo honras no haciendo negocios*
> *Ni profiriendo palabras inútiles,*
> *Entonces hallarás tu gozo en el SEÑOR;*
> *Sobre las cumbres de la tierra te hará cabalgar,*
> *Y haré que te deleites*
> *En la herencia de tu padre Jacob." El SEÑOR mismo lo ha dicho.*
> (Isaías 58:13-14)

Era como si Dios dijera: "Observen el cuarto mandamiento fielmente, honren y disfruten del día de descanso y adoración que prescribo para ustedes, y les bendeciré y honraré. Pero si ustedes protestan y se quejan por la necesidad de esta observancia, y tratan de evadirlo, su historia será muy diferente. Y recuerden que la observancia de este mandamiento comienza con una actitud del corazón, uno que espera que un sábado obediente no sea triste, sino encantador, debido a la comunión conmigo, su Dios que los favorece." Esta ciertamente la onda en la que Nehemías fue templado cuando abordó la pregunta de como debería ser guardado el sábado en Jerusalén (13:15-22).

Nehemías prohibió mercados de sábado, que estaban en pleno apogeo cuando él llegó, con judíos y no judíos ("hombres de Tiro") igualmente implicados. Él ordenó que las puertas de la ciudad fueran cerradas a partir de la tarde antes del sábado a la mañana después, y advirtió aquellos que acamparon frente a las puertas de la noche a la mañana del sábado de modo que ellos podrían comenzar sus negocios a primera hora al día siguiente. Él explicó a la nobleza (los marcadores de tendencias en la comunidad) por qué deben usar su influencia para oponerse al comercio durante el sábado más bien que animarlo. "Lo mismo hicieron sus antepasados, y por eso nuestro Dios envió toda esta desgracia sobre nosotros y sobre esta ciudad. ¿Acaso quieren que aumente la ira de Dios sobre Israel por profanar el sábado?" (13:18) ¿Creemos en Dios que castiga a su propia gente cuando dejan de honrarlo al desobedecerlo, pero en cambio profanan lo que para él es precioso? Nehemías lo hizo, y ambos Testamentos consecuentemente dicen lo mismo. El escritor a los Hebreos cita y expone Proverbios 3:12 cuando declara, "'el Señor disciplina a los que ama, y azota a todo el que recibe como hijo'... nuestros padres terrenales... nos disciplinaban, los respetabamos... Dios nos lo hace para nuestro bien, a fin de que participemos de su santidad" (Heb. 12:6, 9-10). Era dentro de este marco de referencia, con el disgusto de Dios y disciplina en su mente, que Nehemías insistió en restaurar la observancia del sábado a la cual prometieron en "el pacto" (9:38), del que Jerusalén había fallado tan notablemente.

Si el día que el Nuevo Testamento llama el día del Señor, el primer día de la semana cuando los cristianos se reúnen para adorar (Hechos 20:7; 1 Cor. 16:2; Ap. 1), debería considerarse como el sábado cristiano o no es una pregunta en disputa entre creyentes de la Biblia,[5] y no trataré de decidirla aquí. El punto de la aplicación contemporánea que deseo hacer se aplica a cualquiera de estos puntos de vista que usted toma. Es este: el día del Señor es el don de Dios a nosotros para la salud de nuestras almas y de las almas de otros, y nosotros debemos apreciar, honrar, y usarlo en consecuencia. Es un día de oportunidad espiritual, porque este es el día de la adoración unida; juntos en la adoración es donde Dios especialmente se hace conocer. Los puritanos, que solían llamar el día del Señor "el día de mercado del alma," el punto culminante de la semana, creyeron que el día de un Señor bien empleado era una preparación necesaria para el trabajo de los seis días que seguirían, y que los cristianos simplemente no podían darse el lujo de tratar el día como trivial y reducirlo a la rutina. ¿Valoramos el día del Señor de esta manera, y nos preparamos para ello, sacamos el mayor partido posible de él, y tenemos cuidado no sea que las preocupaciones seculares lo invadan, en el modo que Nehemías quiso que el habitantes de Jerusalén valoraran y sacaran provecho de sus sábados?

Esta es una pregunta que muchos cristianos profesos tienen que afrontar. Salvaguardar y santificar el día del Señor requieren de los cristianos modernos aun más claridad del objetivo cuando el laicismo desgasta en observancias cristianas públicas y nuestra cultura pagana asimila el domingo cada vez más completamente para que parezca cualquier otro día de la semana, así en efecto volviendo al paganismo del mundo al cual el cristianismo primero vino, y del que los cristianos fueron instruidos que fueran de manera particular diferentes. En Inglaterra, una campaña reciente en contra de la comercialización del domingo fue organizada bajo el lema: "Mantengamos el domingo especial." Es un lema bonito en países donde el domingo cristiano es parte de la herencia cultural, y "Hagamos el domingo especial" sería un lema bonito en cualquier parte del mundo. Pero no podemos perseguir esto más lejos ahora.

La vida de hogar santificada

"Además, todos nos comprometimos a no casar a nuestras hijas con los habitantes del país ni aceptar a sus hijas como esposas para nuestros hijos" (10:30). Entonces controló "el pacto." En el momento cuando la conservación de la pureza racial había sido un asunto de preocupación general, y la gente había "aparta[do] de Israel a todos los que se habían mezclado con extranjeros" (13:3), así yendo más allá de la Ley, que excluyó sólo amonitas y moabitas. Pero el celo por la pureza de la sangre israelita, y por hacer todo para complacer a Dios, que supuestamente había señalado aquel exclusivismo, se había evaporado, y cuando Nehemías volvió a Jerusalén él encontró allí "que algunos judíos se habían casado con mujeres de Asdod, de Amón y de Moab" (13:23). La razón puede haber sido, desde luego, la pasión, pero con mayor probabilidad habrá sido la prudencia, si debiéramos llamarlo que, que tiene su ojo sobre la posibilidad principal y se casa por dinero o prestigio o alguna otra forma de ganancia mundana. Y en algunos casos Nehemías encontró que los padres habían decidido hablar en sus hogares la lengua no judía, de modo que sus niños "no sabían hablar la lengua de los judíos" (13:24). Esto puso furioso a Nehemías: no solamente porque esto era el rompimiento de un voto, sino porque significaba que estos niños serían incapaces de participar en la adoración de Israel, o aprender la Ley con eficacia, y tampoco serían capaces de pasar la fe de Israel a los niños que ellos mismos tuvieran, de modo que la futura unidad espiritual de la nación estaba en peligro.

Viendo esto muy claramente, y al no gustarle lo que vio, Nehemías convocó una reunión, por lo visto, en la que él dio un discurso a los hombres judíos que habían roto "el pacto" de esta manera, recordándoles la caída de Salomón, -"lo hicieron pecar las mujeres extranjeras"- y requiriéndoles jurar por Dios no efectuar más matrimonios mixtos, tomando a mujeres extranjeras para "ustedes ni sus hijos" o casándose con sus hijas a hijos extranjeros. Esdras, muchos años antes, había conducido en la ruptura de matrimonios mixtos puesto que son totalmente contrarios a la voluntad de Dios (Esdras 9-10). Nehemías no fue tan lejos, pero se conformó con que no siguieran proliferando y no se repitieran. Este era un compromiso diplomático. Nehemías, sabiamente, no quiso interrumpir la comunidad más de lo necesario; entonces él simplemente exigió un juramento de que los matrimonios mixtos no volverían a ocurrir.

Sin duda alguna él hizo este sobre la base de primero haber hecho un ejemplo de algunos delincuentes celebres. "a algunos de ellos los golpeé, y hasta les arranqué los pelos," Esta necesidad sólo significa que en su papel como la cabeza de la judicatura, como gobernador que era, él ordenó azotes según la prescripción de Deuteronomio 25:1-3 y dictó sentencias de afeitar la cabeza, recordando quizás en su discurso de condena como una vez que Esdras se había arrancado su propio pelo (Esdras 9:3) por el mal de matrimonios mixtos, aunque esto pudiera significar desde luego que él infligió esta violencia punitiva a su propia persona. Y luego él "eché [al nieto de Eliasib] de mi lado", por lo visto por el decreto perentorio del destierro, aunque "perseguido" es el sentido de literal y la posibilidad de que un Nehemías echando al hombre del cuarto o el edificio en el que estaban no puede ser excluida. En cualquier caso, la forma de las palabras de Nehemías muestra que él reivindica lo que fue hecho, está en retrospectiva contento por lo que hizo, y quiere que nosotros lo veamos como una expresión apropiada y eficaz de su celo de reformación y objetivo pastoral, que seguramente era.

No tenemos que suponer que Nehemías disfrutó que alguien tuviera que hacer cualquiera de estas cosas. Podemos estar seguros que él no habría tenido que volver al punto de partida y hacer una nueva reforma a la reforma ya deforme de Israel de esta manera. Pero la vida está llena de necesidades inoportunas para todos, en especial de los líderes pastorales en la iglesia de Dios, que constantemente necesitan la combinación de Nehemías del celo por Dios y el cuidado por la gente para tratar con los desórdenes que surgen. El pecado y Satanás nunca dejarán de corromper la creencia y el comportamiento dentro de la comunidad que lleva el nombre de Dios; por tanto debemos esperar desórdenes, perversidades, y confusiones, y aquellos que dirigen la comunidad no deben desalentarse al encontrarse ellos mismos obligados a tratar con los mismos problemas y desviaciones una y otra vez, además de los nuevos que siguen apareciendo. Nehemías, con su pasión y fidelidad piadosa en hacer el bien, es un modelo para nosotros aquí.

Los líderes pastorales serios, como Nehemías, siempre se concentran en familias y vida de familia, porque la familia es la primera y más básica forma de la comunidad humana. La formación de familia, para bien o para mal, va más profunda en niños que cualquier forma de formación en cualquier otra parte, y el ideal bíblico es que las familias deberían ser las unidades compuestas de las cuales se construye toda iglesia. La piedad debe ser modelada en la familia, y fe pasada allí. En todas partes en el mundo occidental de hoy, y hasta cierto punto en las comunidades urbanas en todas partes sobre la faz del globo, la vida de familia está siendo debilitada y minada por presiones de varias clases, y esto probablemente empeorará. Así que la necesidad de trabajar como Nehemías trabajó para mantener la vida de familia fuerte, piadosa, y sana es grande, y todo el que hace estrategias y ministra para extender el reino de Dios hoy y mañana debe hacer de las familias y la vida el hogar una materia de preocupación principal.

Haga lo que puede

"Ella hizo lo que podía," dijo Jesus de la mujer que lo honró al verter su tarro entero del ungüento de nardo precioso sobre él, sin retener nada de él; "ella ha hecho una obra hermosa" (Mr. 14:8, 6). Nehemías también hizo lo que él podía, usando su cerebro, creatividad, la fuerza de mente y cuerpo, posición y privilegio, sabiduría y riqueza hasta el límite a fin de honrar a Dios, edificar a su gente, y promover su alabanza en Jerusalén. Los estudios recientes de Nehemías lo han perfilado como un ejemplo de liderazgo,[6] y esto no está equivocado; pero me gustaría que nuestra vista final de él, al aprestarnos a salir de su libro, se centrara sobre el ejemplo que él se puso de la fidelidad perseverante como tal -una cualidad que los seguidores tienen que cultivar no menos que los líderes. Seguramente él sobresalió como una de las figuras públicas de Dios, y bien podemos respaldar, trescientos años después, el veredicto de Matthew Henry, el comentarista puritano, que escribió:

> En mi estima, Esdras ... y Nehemías ... aunque ninguno de ellos nunca llevara puesta una corona, comandara un ejército, conquistara algún país, o fueran famosos por la filosofía u oratoria, aún ambos, siendo hombres de oración piadosos, y muy útiles en su día a la iglesia de Dios y los intereses de la religión, eran hombres realmente grandes ... no solamente más que cualquiera de los cónsules romanos o dictadores, pero que Jenofonte, o Demóstenes, o Platón mismo, que vivió durante el mismo tiempo, los ornamentos brillantes de Grecia.[7]

Pero en mi estima Nehemías se destaca aun más como uno de los amigos personales de Dios, que me bendice más dejándome, por decir, oír su corazón de fe que late cuando me dice de las tareas que él abordó y los obstáculos que superó, y el modo que rechazó ser desalentado cuando tuvo que volver, en efecto, al principio y comenzar otra vez.

Parece claro que este es el modo que él mismo esperó encontrarse cuando puso sus memorias en la forma final; ya que él gasta el capítulo uno diciéndonos el contenido de la oración que él y los otros primero hicieron por Jerusalén, la oración cuya respuesta, como hemos visto, desplegó todo su ministerio en Jerusalén; y él se encarga de insertar para nosotros muchas ventanas en su vida de oración a medida que avanza; y su línea de salida en el capítulo 13 es un oración final por él mientras él mira hacia atrás sobre su vida de servicio y el modo que Dios lo usó en la reconstrucción de los muros, reconstruyendo la comunidad, y luego necesariamente trabajando para reconstruir (o deberíamos nosotros decir, ¿reconstruir de nuevo?) lo que él reconstruyó antes -"¡Acuérdate de mí, Dios mío, y favoréceme!" (13:31)- "Acuérdate de mí, Dios mío, para bien," como las versiones más viejas lo tienen. Sobre estas palabras el comentario de Matthew Henry difícilmente puede ser superado:

> Los mejores servicios hechos para el público eran a veces olvidados por aquellos para quienes fueron hechos (Ecl. Ix.15); por lo tanto Nehemías se dirige a Dios, para que lo recompense, lo toma por su Oficial pagador, y luego está seguro que será bien pagado. Este puede ser bien el sumario de nuestras peticiones, no necesitamos más que esto para ser felices: *Acuérdate de mí, Dios mío, para bien.*

Nos corresponde a nosotros, entonces, aprender de Nehemías a hacer lo que podemos para nuestro Dios, su causa, y su iglesia, realizando así nuestra vocación como discípulos cristianos, a los que Jesús declara ser sus amigos personales (Jn. 15:13-15). Aquellos que viven bajo la gracia deberían desbordarse por la gratitud, y aquella gratitud debería mostrarse por actos de lealtad y amor. Es, entonces, que nosotros nos gastemos y seamos gastados en el servicio de otros para el bien de nuestro Señor. Y así podemos hacer propia la última oración de Nehemías y verificar en la experiencia la máxima de Kidner: "oír que Dios nos diga 'bien hecho' es la más... limpia de las ambiciones."[8]

Hace casi dos siglos, Charles Simeon tenía colgado en su estudio en el Colegio del Rey, Cambridge, un retrato de Henry Martyn, su protegido, un misionero pionero que dio su vida en el servicio al mundo musulmán. Simeon diría a veces a invitados que la expresión seria sobre la cara de Martyn en el retrato le vino como un mensaje siempre que lo veía, recordándole la importancia de malgastar la vida en búsquedas insignificantes. Entonces él menearía su dedo en el retrato y diría, delante de sus invitados, de manera festiva aunque seria, como si fuera a Martyn, a él, y a su Señor: "y no voy a jugar, no voy a jugar."

El autorretrato verbal de Nehemías lleva un mensaje similar y pide una respuesta similar de creyentes cristianos hoy. Si no podemos hacer para Cristo y su iglesia todo lo que debemos, al menos no juguemos, sino, como Nehemías, hagamos todo lo podemos.

Epílogo:
Dos Impostores

La frase de título para esta reflexión de cierre viene de un pequeño poema sobre la madurez, de la cual he tomado tres citas ya, *If*, de Rudyard Kipling. Aquí están las líneas relevantes:

Si sueñas, pero el sueño no se vuelve tu rey;
si piensas, y el pensar no amengua tus ardores;
si el Triunfo y el Desastre no te imponen su ley
y los tratas lo mismo como a dos impostores

Entonces, dice Kipling finalmente, "¡serás Hombre, hijo!" Aunque no una declaración abiertamente cristiana, este poema está lleno de sabiduría bíblica, y en ninguna parte más que en el verso de en medio citado encima. Aquí Kipling nos dice que la persona madura será capaz de imaginar nuevas posibilidades, aún sin perder el contacto con la realidad; él será capaz de conceptuar y discutir, aún sin volverse un teórico doctrinario; y además él verá cualquier éxito presente y cualquier colapso presente de sus proyectos como engañoso a un grado, viendo a lo que no son, y por lo tanto él los tomará con calma como simplemente episodios en el tapiz no desplegado de una vida con propósito. Moisés, David, Pablo, y Jesús todos ilustran estos aspectos de la madurez maravillosamente - y Nehemías también.

Madurez

El Triunfo y el Desastre reciben mayúsculas iniciales, como el Hombre, pero ningunas otras palabras en el poema. Supongo que Kipling hace esto porque las dos llegan a nosotros como experiencias aplastantes que se presentan como en algún sentido definitivo y final. Un momento de triunfo consciente crea una sensación que después de esto nada importará realmente; un momento de desastre realizado provoca una sensación que este es el final de todo. Pero ningún sentimiento es realista, ya que ningún acontecimiento es realmente lo que sentimos ser. Las circunstancias de triunfo no durarán, y el momento de triunfo cederá el paso tarde o temprano a momentos de desilusión, tensión, frustración, y pena, mientras las circunstancias de desastre demostrarán tener en ellos semillas de recuperación y nueva esperanza. La vida en este mundo bajo la providencia de Dios es así; siempre era, y siempre será; está así en la Biblia, y permanece para el siglo veintiuno. La persona madura, que es mentalmente y emocionalmente un adulto a diferencia de un niño, sabe esto y no lo olvida.

Aquellos que soportan la responsabilidad del bienestar de otros, sean cónyuges, padres, amas de casa, profesores, líderes, pastores, organizadores, gerentes, o lo que sea -y esto incluye a la mayoría, si no todo, de nosotros- sentirán los altibajos de vida más intensamente en la proporción como más personas están implicadas con nosotros en los acontecimientos que ocurren. El sentido de Nehemías del triunfo en completar y dedicar el nuevo muro de Jerusalén debe haber sido enormemente realzado por el pensamiento que este era un triunfo para la nación entera de la cual como el gobernador él era el líder y la cabeza. De este modo, también, su sentido de desastre cuando él descubrió a su regreso a Jerusalén que el avivamiento que estaba en el progreso en el momento de la dedicación se había arruinado casi completamente debe haber sido enormemente profundizado en el pensamiento que esto dejaba al pueblo espiritualmente tan bajo, seco, y apático como estaban antes de que él primero llegara allí. Aunque sin duda era la conciencia que esta decadencia podría pasar, y quizás noticias que lo hicieron sospechar que había pasado, que lo condujo a pedir a Artajerjes un segundo período como el gobernador (13:6). Sin duda, también, él estaba seguro que el Dios que lo había llevado a Jerusalén y le había dado tal éxito en su primer término le daría ahora la fuerza y persistencia que él necesitaría (Kipling otra vez) para "mirar hecha trizas tu adorada quimera y tornar a forjarla con útiles mellados." Seguramente aquella fuerza le fue dada, y un poco de recuperación comunal después de que el desastre de la reincidencia de Jerusalén ocurrió realmente. Pero si Nehemías terminó sus días como un viejo león, más feroz que en su juventud porque emocionalmente gastado por sus años de fidelidad no recompensada y poco apreciada en el liderazgo para Dios, nadie debería estar sorprendido. No sabemos, desde luego, si esto es lo que pasó, pero algunos toques ásperos en su libro se ha pensado a veces que lo sugerían.

Desde el principio, sin embargo, la fidelidad perspicaz, decidida de Nehemías al trabajo que fue llamado a hacer, su sabiduría lista, su disposición de hablar claro, tomar el liderazgo, cruzar espadas con los poderosos del pueblo, y poner el calor en la cocina, más su confianza sostenida de que su Dios lo vería triunfar, eran completamente admirables. Hace cien años el obispo anglicano John Charles Ryle fue descrito como un hombre de granito con el corazón de un niño, y aquella descripción encaja a Nehemías también. El tono de las memorias de Nehemías muestra que detrás de su valiente franqueza estaba la humildad; detrás de su resistencia en la guerra fría que Sambalat y Tobías emprendieron contra él estaba la fe; detrás de sus palabras de aliento a el pueblo para mantenerlos reconstruyendo primero el muro y luego su vida nacional estaba el amor, que bíblicamente debe ser medido no por lo que uno dice a la gente, sino por lo que uno hace por ellos (ver 1 Jn. 3:16-18; Neh. 5); detrás de las relaciones tensas y las ansiedades de su liderazgo pionero estaba la alegría -la alegría o gozo de conocer y servir al Señor de Israel, y de verlo trabajar en poder y gracia (8:10); y detrás de las oraciones de Nehemías por la vindicación estaba la integridad que abandona el pecado tan pronto como se da cuenta que es pecado (5:10) y que siempre rechaza transgredir la ley de Dios por cualquier consideración en absoluto, aun por la vida (6:11).

En todos estos aspectos Nehemías permanece ante nosotros como un modelo magnífico de liderazgo responsable arraigado en la piedad radical. Él y Moisés son a menudo catalogados como el primer y el segundo fundador de la vida nacional de Israel; en la estatura personal también ellos aparecen muy cerca el uno del otro, como grandes hombres en cualquier estándar, y en particular aquí como grandes hombres de Dios.

En el final de Si Kipling nota un último elemento necesario para la madurez como sigue:

Si puedes llenar los preciosos minutos
Con sesenta segundos de combate bravío
Tuya es la tierra y todos sus codiciados frutos,,
Y lo más importante: ¡serás Hombre, hijo mío!

El pensamiento está vivo y claro. Los minutos son "bravíos" porque no harán una pausa por nosotros o volverán a nosotros; entonces debemos aprender a sacar el mayor partido posible de cada uno a medida que pasan. Para esto se requiere energía orientada por objetivo: de ahí "la distancia vuela." "Tuya es la tierra" es un descenso; este es un tópico secular del tipo del siglo diecinueve, eufórico pero hueco, implicando que el esfuerzo siempre trae prosperidad, lo cual no sucede. Pero la perspicacia que la madurez –ser un Hombre– es distinta de, y más importante que, terminar rico lleva a Kipling a lo alto. Todas las culturas saben, profundamente, que la madurez personal es un valor supremo, sino para nadie es esto más verdadero que para los seguidores del Hombre de Galilea, cuyo llamado es buscar de su Salvador transformación moral a su semejanza. La resolución enérgica es, sin embargo, central a aquella semejanza, tal como es central al ejemplo puesto ante nosotros por Moisés y Nehemías. Y hay un sentido, distinto del que Kipling estuvo pensando, en que los siervos diligentes de

Dios heredan realmente la tierra, pero no podemos entrar en esto ahora. Baste con subrayar la verdad que vemos ejemplificada en Nehemías, como en Jesús, que la energía resuelta con integridad persistente es esencial a la madurez personal que se asemeja a Cristo a la cual deberíamos apuntar.

Nehemías, entonces, es un hombre para admirar e imitar, ¡pero tenga cuidado! El tema de imitar personajes de Biblia es a menudo manejado mal. Bryan Chapell ha escrito de los "mortales ser" (habría sido más vivo llamarles "asesinos ser"), de los que el primero es sermones que requieren de nosotros "ser como" alguna figura en la historia de Escritura. Tales sermones nos convocan a una vida de rueda de molino de perpetuo jugar el papel que está destinado al final a demostrar ser contraproducente, ya que como Chapell correctamente comenta: "Decir al pueblo simplemente que imite la piedad en el otro sin recordarles que algo más que conformidad externa debe venir de Dios los fuerza a la desesperación de la transformación espiritual o a negar su necesidad."[1] Este no es un camino cuesta abajo al cual ir, y cuando hablo de imitar a Nehemías estoy pensando en algo bastante diferente: a saber, seguir el ejemplo de su fe y relación con Dios.

¿Qué significará esto para nosotros? Independientemente de quienes o que somos, dondequiera que estemos colocados y dondequiera que sirvamos, esto significará al menos lo siguiente: atención a la Sagrada Escritura a fin de encontrar la voluntad de Dios; la apropiación de Dios en el pacto como "mi Dios" (que para los cristianos también significa la apropiación de Jesucristo como "mi Salvador y Señor"); devoción en la forma de oraciones de petición, celebración, a veces desesperación, y quizás hasta imprecación cuando nos encontramos contra el mal; preparación para tratar con dos impostores, Triunfo y Desastre, los cuales van a invadir nuestras vidas de vez en cuando; expectativa de ayuda y liberación en respuesta a la oración; motivación para buscar la gloria de Dios practicando la obediencia total; y una pasión por la clase de fidelidad obstinada que está resuelta para honrar a Dios y mostrar su alabanza en lo mucho y en lo poco. La imitación de Nehemías significará el anclaje de nuestras almas en los sentimientos del Salmo 26, que por todo lo que sabemos podría haber sido uno de sus favoritos:

Hazme justicia, SEÑOR
pues he llevado una vida intachable;
¡En el SEÑOR confío sin titubear!
Examíname, SEÑOR; ¡ponme a prueba!
Purifica mis entrañas y mi corazón.
Tu gran amor lo tengo presente,
y siempre ando en tu verdad…
Con manos limpias e inocentes
camino, SEÑOR, en torno a tu altar,
proclamando en voz alta tu alabanza y
contando todas tus maravillosas.
SEÑOR, yo amo la casa donde vives,
el lugar donde reside tu gloria En la muerte,
no me incluyas entre pecadores y asesinos…
Yo, en cambio, llevo una vida intachable;
líbrame y compadécete de mí.
Tengo los pies en terreno firme y en
la gran asamblea bendeciré al SEÑOR
(Sal. 26:1-3, 6-9, 11-12)

El homólogo de Nehemías en la era del Nuevo Testamento es el Apóstol Pablo, otra bola humana de fuego con una pasión y fidelidad en la edificación de la iglesia de Dios, una pasión arraigada como Nehemías en una vida de fe, esperanza, amor, y alegría. Como Nehemías, Pablo sabía tratar con los impostores del Triunfo y el Desastre; los triunfos parecen nunca haber girado sobre su cabeza, ni los desastres lo condujeron a dejar la esperanza. Como Nehemías, él vio comunidades de creyentes que fueron formadas en condiciones de avivamiento, cuando Dios obró por su Palabra poderosamente, perder el ímpetu y el movimiento; como Nehemías, él trabajó con fuerza en la oración y por la instrucción para volver a ponerlos en forma. Su conocimiento de Jesucristo lo pone en un sentido delante de Nehemías, pero la forma de pacto y la sustancia de la relación con Dios ("mi Dios") que los dos disfrutaron eran lo mismo, como las palabras de Pablo en el último capítulo de su última carta pueden ser bien citadas aquí para acabar nuestro estudio de su gran precursor. Escribió a Pablo:

> He peleado la buena batalla, he terminado la carrera, me he mantenido en la fe. Por lo demás me espera la corona de justicia, que el Señor, el juez justo, me otorgará en aquel día; y no sólo a mí, sino también a todos los que hayan esperado su venida... El Señor me librará de todo mal y me preservará para su reino celestial. A él sea la gloria por los siglos de los siglos. Amén. (2 Tim. 4:7-8, 18)

Esto escribe correctamente en términos del Nuevo Testamento todo lo que está implícito en la oración de despedida de Nehemías: "¡Acuérdate de mí, Dios mío, y favoréceme!" (13:31). "No necesitamos más que eso para ser felices," fue el comentario de Matthew Henry de aquella petición. Él tuvo razón. Y nada mejor puede ser deseado por este autor o sus lectores que nuestra fidelidad debería emparejar la de Pablo y Nehemías al mismo final de la vida, de modo que también podamos disfrutar a su debido tiempo de la felicidad última y suprema delante del trono de Dios que es en este momento seguramente disfrutan ellos.

¿Éxito?

¿Sería correcto entonces describir a Nehemías y Pablo como exitosos en sus ministerios respectivos? Vale la pena levantar la pregunta cuando concluimos, porque la pasión por el éxito constantemente se hace un problema espiritual, -realmente una caída en la idolatría- en las vidas de los siervos de Dios hoy. Querer tener éxito en cosas que importan es desde luego natural, y no está mal en sí mismo, pero sentir que hay que ser a toda costa capaz de proyectarse a otros como un éxito es casi un estado de ánimo demonizado, del cual la liberación es necesaria. Aquí, otra vez, como veremos, Nehemías, y Pablo con él, puede ayudarnos.

Pero primero digamos que este síndrome de éxito es una infección que se ha extendido directamente por el mundo occidental entero, de modo que su predominio entre el pueblo cristiano, aunque penoso, es apenas sorprendente. La idea del mundo que cada uno, desde la infancia, debería ser capaz de tener éxito en cualquier momento de modos mensurables, y que es una gran desgracia no lograrlo, cuelga sobre la comunidad cristiana como un manto de humo acre; y si el homólogo espiritual de tos atormentada, dolor pulmonar, y dificultad de respirar pudiera resultar, nadie debería estar sorprendido. Aquellos que quieren hacerse, y en algunos casos ser contratados como, los agentes de Cristo en la edificación de su iglesia ahora sienten que tienen que tener archivos de registros que los muestran como exitosos en todo lo que ellos alguna vez han puesto su mano. Entonces los impostores tienen un día de campo: algo que a corto plazo parece triunfo (oposición vencida, obstáculos superados, extensión cercada) es comparado con el éxito personal, y algo que a corto plazo parece desastre (la pérdida del dinero, estado, trabajo, apoyo, o cualquier otra cosa) es visto como fracaso. El funcionamiento que parezca exitoso a toda costa se vuelve el objetivo, y la irrealidad trepa a la vista de las personas como resultado.

Sobre mi escritorio cuando escribo está un periódico de gran formato para pastores que comienza con el gran titular: "¿Cómo sabré cuando he tenido éxito? " Usted puede ver por qué leo eso con sentimientos mixtos. La carga del periódico de gran formato es que los pastores deben ser activos más bien que reactivos, comprometido a la misión y la evangelización más bien que el mero mantenimiento y marcar el tiempo, y que para esto ellos necesitan una filosofía de ministerio, es decir un razonamiento bien pensado de fines y medios. Los objetivos definidos, dice, le dan dirección, generan energía, sostienen la moral (porque ahora usted sabe a donde va), le muestra lo que cada día es realmente importante para usted y por tanto lo libra de la tiranía de lo simplemente urgente, facilita la formación de equipo y la obtención de cooperación y apoyo, y le permite evaluar como le va; y todo eso es seguramente verdadero y valioso. Pero podemos tener éxito en objetivos alcanzables que hemos puesto nosotros mismos y todavía no saber el veredicto de Dios sobre lo que hemos estado haciendo. El hecho de que he tenido éxito así no significa que Dios ahora necesariamente me cuenta un éxito.

El problema es que mis ideas del éxito son con regularidad mucho más egoístas de lo que me doy cuenta, y el ego que sirven es pecador, orgulloso. Déjeme ser anecdótico durante un momento para ilustrar esto.

Cuando yo era joven, británico, y pagano, pensé que el cielo era el límite y nada que yo quisiera hacer estaba más allá de mí. Mis sueños se extendieron de ser un jugador estrella de críquet a un distinguido ingeniero de locomotora a un cómico superior, con mucha materia extraña en medio. Pero el éxito espectacular era siempre la parte del sueño, y cada fracaso dolió porque esto pinchó mi vanidad.

Cuando me hice cristiano, lo que pasó en la universidad, yo tenía el celo simplista que usted espera de un convertido. Cuando leí a Charles Finney y D. L. Moody, me gustaron (todavía) y absorbí sin sentido crítico su optimismo ilimitado y en efecto grandioso en cuanto a lo que Dios puede hacer si sólo su gente quiere cooperar. Durante años seguí pensando que el éxito espectacular con el trabajo de alguien para Dios era lo correcto por lo que debía orar, y el único signo seguro que uno servía al Señor como debería hacerse. La mayor parte de mi vanidad, temo, estaba todavía allí.

Ahora vivo en Canadá y he encontrado que las iglesias, los pastores, los seminarios, y las agencias paraeclesiásticas en todas partes de Norteamérica juegan sobre todo el juego de los números, es decir, definen el éxito en términos de números de cabezas contadas o añadidas a aquellos que estaban allí antes. Teóricos de crecimiento de iglesia, evangelistas, pastores, misioneros, reporteros de noticias, y los otros todos hablan como si (1) el aumento numérico es lo que importa más; (2) el aumento numérico vendrá seguramente si nuestras técnicas y procedimientos son correctos;

(3) el aumento numérico valida ministerios como nada más lo hace; (4) el aumento numérico debe ser el objetivo principal de todo el mundo. Descubro cuatro consecuencias infelices de esto.

Primero, las iglesias grandes y crecientes son vistas como mucho más significativas que otras.

Segundo, los especialistas paraeclesiásticos que tiran en números grandes (evangelistas, profesores de universidad y de seminario con habilidades de plataforma, curanderos con seminarios ambulantes, pasajeros en circuitos de convenciones, personas encumbradas en movimientos juveniles, autores de jornada completa, y semejantes) son venerados, mientras los pastores trabajadores son tratados como cerca de la inexistencia.

Tercero, los laicos animados y el clero también son constantemente llevados de las iglesias para controlar ministerios paraeclesiásticos, en los cuales, solamente porque ellos se especializan sobre un frente relativamente estrecho, se pueden esperar resultados más rápidos y más asombrosos.

Cuarto, muchos ministros que no tienen un temperamento tan animado ni dones tan llamativos vuelven al empleo secular desilusionados y amargados, concluyendo que la vida pastoral de servicio estable es un juego que no vale la pena jugar.

En todo esto me parece ver mucho orgullo no mortificado, o bien masajeado, complacido, y satisfecho, o herido, cuidado, y mimado. Donde el éxito cuantificable es dios, el orgullo siempre se fortalece y se extiende por el alma como el cáncer a veces galopa por el cuerpo. El encogimiento de la estatura espiritual y el cultivo la debilidad moral de ahí resulta, y en líderes pastorales, sobre todo aquellos que están seguros que ellos tienen éxito, las varias formas de abuso y explotación que siguen puede ser horroroso. El fruto del orgullo alimentado es invariablemente amargo. Orientando toda la acción cristiana al éxito visible como su objetivo, un movimiento cual a muchos modernos parece sumamente sensible y serio, es así más una debilidad en la iglesia que una fuerza; es un semillero de vanidad no espiritual para los auto denominados exitosos y de la desesperación no espiritual para los auto denominados fracasados, y una fuente de falta de profundidad y superficialidad en todas partes. Después de poner objetivos bíblicamente establecidos, abrazar medios bíblicamente establecidos para procurar realizarlos, evaluar lo mejor que podemos donde hemos llegado al procurar alcanzarlos, y hacer cualquier corrección de curso que nuestras evaluaciones sugieren que, la manera sana humilde es que confesemos que en el análisis final no sabemos y no podemos saber la medida de nuestro éxito como Dios lo ve. La sabiduría dice: deje la evaluación del éxito a Dios, y viva su cristianismo como una religión de fidelidad más bien que una idolatría de logro.

Hace algunos años puse algunos de estos pensamientos en un artículo que recomendaba un libro por Kent y Barbara Hughes titulado Liberando el Ministerio del Síndrome de Éxito, un libro que me gustaría ver hecho la lectura requerida para cada pastor y aspirante pastoral. Los redactores astutos titularon de nuevo mi ofrecimiento "Nada Falla Como el Éxito" lo imprimieron junto a un anuncio pagado de media columna anunciando "el Instituto de Robert Schuller para el liderazgo de Iglesia exitoso." Nunca me atreví a preguntarles a quien vieron ellos que podaba a quien, o si ellos notaron lo que habían hecho (lo que pareció vileza podría haber sido, después de todo, solamente bobería). Pero admito que quise tanto reírme como gemir cuando vi la página, y al recordarlo todavía lo hago. Aun cuando soy un promotor de la tarea pastoral y el establecimiento de objetivos, de la extensión de iglesia y la evangelización agresiva, de evaluación, y responsabilidad, cuando el éxito espiritual parece ser pragmáticamente definido en términos de hacer que los programas ocurran y la iniciativa cristiana parece ser conducida por mercado más bien que enfocado por Dios, me estremezco. Y fue Nehemías, más que cualquier otro, el que me enseñó a hacer esto.

Porque la verdad es que nuestro éxito en el verdadero negocio de edificar la iglesia -no la producción de planta y programas, sino el trabajo del pastor de reunión, nutrir, alimentar, y dirigir a aquellos que Cristo describe como las ovejas de su rebaño- es algo que sólo Dios está en una posición de medir. Pienso en dos congregaciones inglesas, una dos veces el tamaño de la otra, las dos bajo la influencia de la teología liberal se habían hecho inactivos, satisfechos, y profundamente no espirituales. Un ministro robusto del evangelio fue designado a cada una. El que sirve a la congregación pequeña se quedó cinco años; su homólogo en la congregación grande se quedó diez. Cada hombre gastó la mayor parte de su tiempo tratando de cambiar, o al menos sortear, un bloque de la vieja etapa a quienes no les gustó su ministro, se opusieron a sus énfasis, y estuvieron resueltos para verlo partir. Ambos dejaron aquellas iglesias sintiendo fracasos, porque la oposición no había sido desalojada. Ambos fueron seguidos de evangélicos igualmente robustos, quienes temprano en su ministerio vieron la oposición derrumbarse, y ambas congregaciones son ahora centros excepcionales de vitalidad evangélica y alegría, habiendo doblado silenciosamente el tamaño ya que la batalla por un evangelio puro y poderoso fue unida. No tengo duda que en los anales de la eternidad, todas las semillas del éxito verdadero espiritual en ambos sitios demostrarán haber sido sembradas por los evangélicos pioneros, que procuraron solucionar problemas quienes se sintieron fracasados, y que su logro estará de pie siempre como éxito en la vista de Dios. Pero en el momento de la siembra exitosa de ello no era posible prever la cosecha exitosa subsiguiente, y los años de siembra contra la hostilidad firmemente enraizada se sintieron a corto plazo como fracaso. Tales situaciones son más comunes que lo que a veces permitimos.

¿Nehemías al final de su propia vida pública sintió un fracaso? Pudiera haberlo sentido. No puedo demostrar que cuando él escribió su testimonio del modo que Dios lo había conducido y había usado él sintió la duda en cuanto a la importancia a largo plazo de lo que él había llevado a cabo; pero sé que en sus zapatos yo habría sido temeroso sobre aquel resultado. Lo que él había visto era un avivamiento espiritual espectacular seguido de una recaída espiritual drástica. La acción directa durante su segundo período en Jerusalén había puesto las cosas en orden por el momento, pero cuán profundamente era el sentido del pueblo del pecado y de su obligación de amar al Señor que los amó, y por cuanto el nuevo orden -estrictamente, el orden renovado- podría durar era más de lo que Nehemías podría saber. Su capítulo 13 tiene claramente el propósito de estar de pie como un testimonio admonitorio contra el resbalamiento subsiguiente y un modelado de la clase de lealtad a Dios que él quiso que todos los judíos mostraran. Así era (y es) un llamado a la fidelidad, y dentro de aquel marco la expresión de la oración interpuesta del versículo 14 gana nueva importancia. "¡Recuerda esto, Dios mío, y favoréceme; no olvides todo el bien que hice por el templo de mi Dios y de su culto!" La pasión de Nehemías era por la fidelidad; si él había sido designado para tener éxito él no sabía, pero él sabía que lo llamaron para ser fiel a la palabra de su Dios en todas las cosas. Y en esto él nos pone un ejemplo del modo de pensar de la persona espiritual que, por el favor Dios, nunca olvidaremos.

Algo similar debería ser dicho sobre Pablo. Cuando notamos antes, él había visto las iglesias nacer y durante un tiempo crecer en condiciones de avivamiento; pero hacia el final de su vida el celo decaía, la herejía se desbordaba, la persecución comenzaba, y el cielo espiritual se oscurecía en cada dirección. Como en su última carta sombría él espera su muerte, él no tiene nada para decir sobre haber sido un éxito, sólo que, a diferencia de unos: "He peleado la buena batalla, he terminado la carrera, me he mantenido en la fe" (2 Tim. 4:7). Él no sabe si él ha sido un éxito o no; todo de lo que él está seguro es que él ha sido fiel, sostenido de la verdad y justicia de Dios cuando otros dejaron ambas ir. En esto él, como Nehemías, es un modelo para que nosotros imitemos.

De hecho, desde luego, los efectos a largo plazo tanto del trabajo de Nehemías como de Pablo como formadores del pueblo de Dios en la vida de fe y santidad han sido enormes, de modo que podamos decir realmente, si queremos, que ambos fueron excepcionalmente exitosos, elevándose a triunfos y enfrentándose con desastres con la maravillosa sabiduría, y delimitando caminos de la piedad en un modo que ponen a las generaciones posteriores siempre en deuda con ellos. Pero mi punto presente es que, por más que éxito ellos realmente tuvieran, su vocación no era al éxito, sino la fidelidad, y así es la nuestra, independientemente de nuestro papel en el cuerpo de Cristo. Cristo construirá su iglesia, usándonos a su voluntad, de modos que implican el aspecto de triunfo y desastre muchas veces. Nuestra parte es no dejar que ningún aspecto nos engañe, sino mantener una fidelidad resuelta a las tareas particulares y papeles que sabemos se nos han dado para que realicemos, todo para la honra y la complacencia del Padre, el Hijo, y el Espíritu Santo, quienes por su acción conjunta son los agentes verdaderos del proceso entero de edificar. Tal fidelidad -la gracia de seguir entusiastamente adelante desalentado o animado, con una humildad que permanece constante cuando está animado no menos que cuando está desalentado- es la lección final que Nehemías tiene que enseñarnos. Y es una lección que aprenderemos sólo alguna vez por la ayuda divina, ayuda que se encuentra conservándose cerca de Jesucristo.

La conclusión de la materia entonces es esta: como es nuestra sabiduría tomar a Nehemías, el veterano del triunfo aparente del avivamiento y el desastre aparente de la recaída, como nuestro modelo a imitar en cualquier forma de servicio que se ponga en nuestra mano, entonces es nuestra sabiduría tomar a Jesucristo, el veterano del triunfo aparente del Domingo de Ramos y el desastre aparente del Viernes Santo, como nuestro entrenador en el comportamiento parecido a Nehemías, y saber que la fidelidad en la cual él nos taladra es su propio don para nosotros, por el poder del Espíritu Santo. Aquí está la sabiduría a la cual urgentemente tenemos que tomar, quienquiera que somos, de modo que Dios pueda ser realmente glorificado en nuestras vidas y su iglesia realmente edificada por nuestros esfuerzos.

Notas

Capítulo 1

1 John White, *Excellence in Leadership* (Downers Grove, IL: InterVarsity Press, 1986), p. 9ss.
2 J. C. Ryle, *Practical Religion* (London: James Clarke, 1959), p. 130.
3 White, *Excellence in Leadership*, p. 23ss.

Capítulo 2

1 Confesión de Westminster, X.1.
2 White, *Excellence in Leadership*, p. 37.
3 E. M. Bounds, *Prayer and Praying Men* (Grand Rapids, MI: Baker, s.f.) p. 73ss.

Capítulo 3

1 White, *Excellence in Leadership*, p. 61
2 Ibid. p. 59ss,
3 Citado por Cyril J. Barber, *Nehemiah and the Dynamics of Effective Leadership* (Neptuno, NJ: Loizieaux Brothers, 1976), p. 19.
4 James Montgomery Boice, *Nehemiah: Learning to Lead* (Old Tappan, NJ: Revell, 1990), p. 22, citando a Charles R. Swindoll, *Hand Me Another Brick* (Nashville: Thomas Nelson, 1978), p. 30.
5 Un plano de los muros y las puertas de Jerusalén puede ser encontrado en Derek Kidner, *Esdras y Nehemías* (Leicester: Intervarsity Press, 1979), p. 85, y en White, *Excellence in Leadership*, p. 55.
6 White, *Excellence in Leadership*, p. 47.
7 Winston S. Churchill, *Your Finest Hour*, volume 2 of the Second World War (Boston: Houghton Mifflin, 1949), p. 25ff.
8 Boice, Nehemiah: *Learning to Lead*, p. 68.
9 White, *Excellence in Leadership*, p. 57ss.

Capítulo 4

1 Kidner, *Ezra and Nehemiah*, p. 82.
2 Ibíd., p. 83.
3 Ibíd., p. 90.
4 James Montgomery Boice, *Nehemiah: Learning to Lead*, p. 83.

Capítulo 5

1 White, *Excellence in Leadership*, p. 83
2 J. G. McConville, *Ezra, Nehemiah and Esther, The Daily Study Bible, Old Testament*, ed. John C. L. Gibson (Edinburgo: santo Andrew Press y Filadelfia: Westminster Press, 1985), p. 101ss.
3 White, *Excellence in Leadership*, p. 89.
4 Boice, *Nehemiah: Learning to Lead*, p. 102ss.
5 White, *Excellence in Leadership*, p. 95ss.
6 Ibid, p. 104

Capítulo 6

1 Frederick Carlson Holmgren, *Israel Alive Again: A Commentary on Ezra and Nehemiah* (Grand Rapids, MI: Eerdmans and Edinburg: Handsel Press, 1987).
2 Kidner, *Ezra and Nehemiah*, p. 13.
3 Pierre Berton, *The Comfortable Pew* (Toronto: McClelland y Stewart, 1965).
4 Citado por J. I. Packer, *A Quest for Godliness* (Wheaton, IL: Crossway Books, 1990), p. 97ss. John Rogers de Dedham fue el predicador.
5 White, *Excellence in Leadership*, p. 111.
6 Kidner, *Ezra and Nehemiah*, p. 109.
7 Boice, *Nehemiah: Learning to Lead*, p. 194.

Capítulo 7

1 White, *Excellence in Leadership*, p. 111.
2 Kidner, *Ezra and Nehemiah*, p. 129.
3 White, *Excellence in Leadership*, p. 131.
4 Kidner, *Ezra and Nehemiah*, p. 129
5 Para los argumentos a favor y en contra vea R. T. Beckwith y Wilfred Stott, *This is the Day* (Londres: Marshall, Morgan y Scout, 1978) (en Estados Unidos: *The Christian Sunday: A Biblical and Historical Study* [Grand Rapids, MI: Baker Books House, 1980); y ed. D. A. Carson, From *Sabbath to Lord's Day: A Biblical, Historical, and Theological Investigation* (Grand Rapids, MI: Zondervan, 1982).
6 Barber, *Nehemiah and the Dynamics of Effective Leadership*; Swindoll, *Hand Me Another Brick*; White, *Excellence in Leadership*, Boice, *Nehemiah: Learning to Lead.*
7 Matthew Henry, *A Commentary on the Holy Bible* (1704-14), Preface to Nehemiah.
8 Kidner, *Ezra and Nehemiah*, p. 130.

Epílogo

Bryan Chapell, *Christ-centered Preaching* (Grand Rapids, MI: Baker, 1994), p. 282.